中国的海贼

〔日〕松浦章 著

谢 跃 译

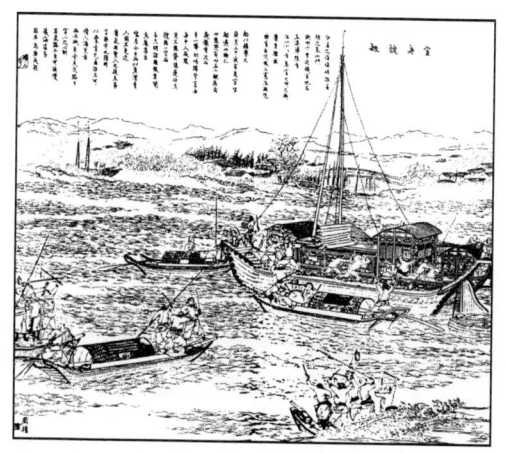

2020·北京

松浦章

中国の海賊

東方書店，1995

根据东方书店1995年版译出

目录 Contents

绪论　海贼的虚像与实像 ... 1

第一章　中国初期的海贼（汉—南北朝） ... 5

　　中国历史上最早的海贼 /《三国志》中的海贼 /

　　后赵石虎之海贼 / 孙恩、卢循海上叛乱

第二章　海外贸易的发展与海贼（唐—元） ... 15

　　渤海之海贼 / 鉴真和尚与海南岛的大海贼 /

　　南海贸易的繁荣 / 北宋时期的海贼 /

　　福建海贼的抬头 / 航海女神妈祖 /

　　蒙古与海贼 / 海上群雄方国珍

第三章　倭寇与中国海贼（明） ... 39

　　倭寇与海禁政策 / 海贼出没南海 /

郑和远征南海 / 郑和的随从人员 / 海禁政策的弊端 /
明代后期的沿海航运与海贼 / "嘉靖大倭寇"的出现 /
史书中记载的"大倭寇" / 倭寇想要的 / 来自中国的海贼 /
海寇王直 / 海贼张琏 / 漳州与海贼 / 琉球与倭寇 /
"嘉靖大倭寇"的消亡 / 被倭寇俘虏的中国人 /
明末的海寇 / 谋求制海权的毛文龙

第四章　台湾的海贼（明末清初）... 80

荷兰人的出现 / 荷兰人与中国海上贸易商人 /
《巴达维亚城日志》中记载的海贼 /
在明王朝做官的海贼郑芝龙 / 郑芝龙讨伐的海贼刘香 /
郑成功的反清复明活动 / 郑经袭击琉球的朝贡船 /
郑氏家族对台湾的统治

第五章　南海海贼（清）... 106

海关设置与广东的海贼 / 清代的海船 / 福建海贼的肆虐 /
出现在孙文成奏折中的海贼 / "洋盗"的出现 /
舰盗之乱与海贼的国籍 / 福建海贼活动与沿海贸易 /
海贼袭击琉球的朝贡船 / 海贼抢夺政府的征粮 /

海贼船只的武装 / 洋匪及夷匪 / 越南的动乱 /

越南的海贼 / 海贼张保和郑一嫂 / 海南王朱渍 /

镇海王蔡牵 / 海关与海贼的肆虐 / 蔡牵舰盗的终结 /

第六章　死灰复燃的海贼（清末—现代）... 160

开放国门后的海贼 / 出没南海婆罗洲海域的海贼 /

《点石斋画报》刊登的盗贼袭击图 /《中外日报》刊登的海贼报道 /

《盛京时报》刊登的海贼报道 /《申报》有关海贼和海盗的报道 /

招商局广利船的强盗 / 20世纪20年代的中国海贼 /

走访海贼的日本人 / 20世纪50年代的中国海贼 /

菲律宾达沃海域上的海贼 / 袭击北婆罗洲的日本渔业基地的海贼 /

马尼拉湾的海贼

结语　中国历史上的海贼 ... 191

参考文献 ... 193

后记 ... 197

绪论　海贼的虚像与实像

在现代，一说起"海贼"，人们就会想起那些以海贼为题材的电影中海贼的形象。这些有关海贼的电影中有《海贼布拉德》、《西霍克》、《大海的征服者》等，这些电影在20世纪30年代至50年代比较盛行。在最近的海贼电影中，人们会想起由斯皮尔伯格导演的《胡克》（1991年）电影。上述列举的电影几乎都是好莱坞电影公司出品的，因此，这些海贼的活动场所大部分都发生在美国人身边的加勒比海域。在电影中，海贼的形象大多是残忍的男人，他们最喜欢的是打斗和抢劫财宝。日本出品的海贼电影有《海贼船》、《海贼八帆船》，这些电影对海贼的描写与美国大同小异。这些电影在多大程度上反映了海贼的实际情况呢？

本书研究的对象是中国的海贼。现在让我们来查阅一下在日本出版的汉语词典里有关海贼的定义。诸桥辙次主编的《大汉和词典》（大修馆书店，1985年修订）中的定义是：袭击船舶掠夺财物或在沿海地区进行抢劫活动称为"海寇"，结群进行猖狂抢劫活动的海贼称为"海盗"，海上的盗贼、海贼或"倭寇"称为"海盗"。在台湾出版的《中文大辞典》（台北中国文化大学出版部，1967年）中，海上的盗贼称海贼，没有国家或交战团体许可，乘坐船舰以掠夺他人船只上或他人船只的人或物为目的的人称为"海盗"，将海盗与海贼统称为"海寇"。在中国出版的《汉语大词典》（汉语大词典出版社，1990—1994年）中，将"出没于海洋或沿海地带的海贼"称为"海贼"，将"在海上或海岸抢夺财物进行非法暴力活动的人"称为"海盗"，"海盗"与"海寇"同义。日本所说的"海贼"，在中国一般都说成"海盗"。总之，他们是在海洋上进行非法的抢劫行为的人。

这些被称为海贼或海盗的人来自何方？在本书第五章中所叙述的大海贼蔡牵自幼就成为孤儿，为了获得生活资源而加入海盗团体。第五章中叙述的张保是在与父亲出海打鱼时遭遇海盗而被迫加入海盗团体的。海盗的出身多种多样，有的是家族本身是海贼，自己也自然而然地成为海贼的一员。有的是自己主动加入海盗团体，有的是不得已身陷海贼的。总之，这些人都是出于当时的社会经济上的困境而采取非法的手段以获取生活资源的人。从海贼的角度看，可以想象，海贼行为本身与渔夫打鱼一样都是为了获取生活资源最自然的一种方法。但是，这种非法获取生活资源的行为必然会被维持法律秩序稳定的社会视为反社会的行为而加以严厉取缔（饭田忠雄《海贼行为的法律研究》，海上保安研究会，1967年）。另外，对他们的评价在不同的条件下可以发生很大的变化。例如在第三章中叙述的王直对于当时非常希望得到绢织物的日本人来说不过是一介中国商人，但是，对中国王朝来说进行非法活动的王直就成了反政府的倭寇的头目。

在中国史研究上一般都以发生在陆地上的事件为重点，对于发生在海上的事件一般得不到重视。有关中国和海外各国的研究成果以桑原藏的《蒲寿康的事迹》和藤田丰八的《东西交流史的研究》为代表，它们都将海上事件视为东西方交流史的一小部分。当我们从大海的角度来考察中国历史时，其研究成果就十分有限了。其中，海上事件在中国制度史上所处的地位，如海运、海关、市舶史、市舶司等方面虽然取得了一定的成果（松蒲章《中国海事史研究的现状》，载《东洋史研究》卷四五第二号，1986年），但是有关东洋海贼的研究却很少，当然，这些也不可能出现在电影上。然而，以东海和南海为舞台的海贼活动绝非少见。

中国的历代王朝大多以内陆地区为根据地，如长安、洛阳、开封等。因此，中国的历史书大多以发生在内陆地区的事件为记述的对象，而有关海上活动的记述就非常少。但是，历史书记述少就未必说明海上活动的不活跃。在中国那样幅员辽阔的国家，水运和海运都是物资流通不可缺少的手段。水运和海运要使用经济效率高的帆船。由于记录太少，给我们考察其活动带来很大的困难。其中，在史书中留下较多记载的海上活动是"海贼"。它们之所以被记录在官方的历史书上是因为海贼已成为当时反抗政府的一股势力。迄今为止，除了特定的时期和人物外，还没有对中国海贼进行系统的研究。为此，本书将从古代开始到近现代时期发生在中国沿海地区的海贼、海盗、洋盗等活动进行研究，从另外一个角度来考察中国的历史。当然，除了中国沿海地区之外，考察区域还包括一部分的西里伯斯海。

第一章　中国初期的海贼（汉—南北朝）

中国历史上最早的海贼

在中国史书上首次出现的海贼是后汉的张伯路。时间是后汉王朝的安帝时期。东汉永初三年（109年）秋七月，海贼张伯路等率3000余人对沿海九郡进行洗劫，杀害了地方官。他头披红色的头巾，身着红色的衣服，自称将军。朝廷派遣侍御史庞雄，率州郡之兵讨伐张伯路。张伯路假装投降，后又重新招兵买马。第二年即永初四年张伯路与在渤海、平原一代进行抢劫活动的匪贼刘文河、周文光等300余人一起伪装成朝廷使者，两次攻陷该地，杀死了长吏。他们还转战高唐，烧毁役所，释放在监狱里的囚犯。甚至发展到张伯路还披戴天子用的五梁之冠，佩带天子象征的印绶，各头目都称将军，向张伯路朝拜等事态。以海贼张伯路为首的一党势力之强大已达到了国家的规模。后汉朝廷派遣御史中丞王宗率青州刺史法雄讨伐张伯路，张逃亡海上。翌年闰四月，张伯路进攻东莱，战败身亡。(《后汉书》卷五《列传》卷二八，《资治通鉴》卷四九)

《三国志》中的海贼

不久，后汉衰落，军阀割据，中国到了三国时代。在魏和吴两国的历史中出现了海贼的记载。

《三国志》记载着因魏的创始人曹操推荐而被任为广陵太守的陈登讨伐对抗曹操的军阀吕布的事迹。在《魏志》卷七《陈登传》中附有裴松之的注"先贤行状"，其中有陈登任广陵太守时了解陈登政治背景的海贼薛州带领手下万余户归顺陈登的记述。广陵郡的管辖地为现在江苏省镇江市附近，由此判定薛州是在长江河口以北的东海为活动舞台的海贼。此时，归顺臣等的人数超过数万人，包括海贼及其家属。

《魏志》卷一中有曹操于建安十一年（206年）秋八月亲自率兵东征讨伐海贼管承的记载。管承被曹操的部将乐进、李典击败，便逃往海上的岛屿。曹操东征之地是淳于，淳于的故城相当于现在的山东省安丘县。安丘位于山东半岛根部的中央，虽与后汉时代的地名同名，但在三国魏、晋时期，安丘属于城阳郡管辖。城阳郡当时管辖着包括山东半岛西南部胶州湾在内的江苏省北部沿海地区。由此判断，曹操为讨伐海贼，进军于淳于，让乐进和李典攻下淳于。我们还可以推测，海贼管承的根据地就在胶州湾。

另外，《魏志》卷一二中还有曹操得知在乐安、济南的边界的州郡一带的人民饱受海贼郭祖的肆虐后，任命威武而诚实的何夔为乐安太守，数月后就镇压了海贼的记载。乐安、济南的边界一带是指当时济水河口的附近，相当于现在黄河下游。由此可以断定海贼郭祖的活动区域在渤海湾。

在南方，建立吴国的孙权之父孙坚在17岁那年（173年前后）就遭遇了海贼。孙坚与父亲一起从吴郡的富春乘船往前唐的途中，遇到了海贼胡玉掠夺正在进行交易的商人的财物，拿到岸上进行分赃。因此，孙坚的船只受阻，无法向前。看到此情形的孙坚想讨伐海贼，被父亲阻拦。孙坚不顾劝阻持刀上岸，讨伐了海贼，这些在《吴志》的开头部分有记载。从这一记述中，可以看出，海贼胡玉以杭州湾到富春江一带的海河流域为其活动的根据地，抢劫商人及其他人的货物，妨碍了孙坚的船只前行，导致船只堵塞，这一现象令人感到就好像是海贼在进行私人通关检查的活动。

到了永安七年（264年）七月，海贼袭击海盐，杀害司盐校尉骆秀。这些记述见于《吴志》卷三《孙休传》。现在的海盐位于杭州湾北岸，是浙江省的一个县，顾名思义，海盐是将海水吸上岸进行制盐的地方。海贼敢于杀害作为地方官地位很高的司盐校尉，可见其势力强大。可以推测，这些海贼的活动区域就在杭州湾一带。

后赵石虎之海贼

统一三国的西晋王朝不久就灭亡了，中国北部地区陷入了五胡十六国割据动乱时期。在相继兴衰的十六国之一的后赵中，建国者石勒于咸和八年（333年）七月戊辰之日死去，他的二子石弘即位，但于第二年咸和九年十一月被石勒的侄子石虎废黜（后杀害），自立为"天王"（《晋书》卷七）。石虎在青州下令建造船只千艘，在山东半岛沿海巡逻（《晋书》卷一〇六《石季龙传》上）。迁都于江南的晋王朝（东晋成帝，326—342年在位）的末期，命令蔡谟讨伐石虎（《晋书》卷七七《蔡谟传》）。

> 季龙于青州造船数百，掠缘海诸县，所在杀戮，朝廷以为忧。谟遣龙骧将军徐玄等守中洲，并设募，若得贼大白船者，赏布千匹，小船百匹。

此时，蔡谟已率7000人守卫。这一事件虽然可以视为国家间的战争行为，但实际上不过是海贼行为。海贼如果被国家雇佣，可以很快地转变为海军。

后赵统治的版图在鼎盛时期北至现在的河北省北部到山西省的北部及宁夏回族自治区的一部分，南至江苏省的北部、河南省的北部。沿海区域北起现在的天津市南至淮河口一带。石虎的这一行动说明中国自西晋灭亡后华北陷入了混乱的局面。

在此之前，石虎曾计划进攻平洲的昌黎（现在的辽宁省义县附近），给渤海上的岛屿补给300万斛，甚至还用300艘船运送30万斛，到高句丽。石虎出身于北方骑马民族匈奴族的一个分支，原本与海洋的关系并不十分密切，他只是利用海船进行海上运输。在后述的蒙古的例子中，也可以看出，游牧民族比汉民族更主动地利用海上运输。

孙恩、卢循海上叛乱

一直担心石虎从海上进攻的东晋王朝到了末期终于尝到了以海上为根据地进行叛乱的危害。

山东人孙恩一家世代信奉民间宗教一派——"五斗米道"。他的叔父孙泰师从掌握秘术的钱唐的杜子恭，得到其秘术。当时，在会稽的东晋皇族司马元显曾为得到其秘术而拜访孙泰。孙泰看到司马元显的专横，预感到东晋王朝的没落，他煽动民众叛乱，并得到江南士大夫和普通百姓的响应（398年）。但是，这一叛乱被镇压，孙泰死亡，孙恩带领余部百余人逃往海上，发誓要复仇。

在吴郡、会稽的司马元显愈发横暴，孙恩得知民众对其不满的情况后从海上进攻上虞,杀死县令,袭击会稽并杀害内史王凝之(399年)。此时,孙恩的兵力已达数万人。另外,会稽、吴郡、吴兴、义兴、临海、永嘉、东阳、新安八郡起兵杀死长吏响应孙恩。10日间其兵力超过10万。

孙恩的叛军由于杀害了吴兴太守、永嘉太守、嘉兴公、南康公、黄门郎、中书郎、太子洗马、乌程令等高官,吴国内史桓谦、义兴太守魏焉、临海太守等人纷纷出逃。孙恩控制会稽之后就自称征东将军,称其部下为"长生人"。朝廷也多次派遣大军进行讨伐,但孙恩在海上逃之夭夭,无法平定。当官军一退兵,孙恩就再度上陆地。

支持孙恩的是卢循。卢循字于先,小名元龙,是司空从事中郎卢甚的曾孙。他娶了孙恩之妹,当孙恩叛乱时,就鼎力相助。孙恩在元兴元年袭击临海时战死,人们就推选卢循为新头领。卢循于元兴二年(403年)正月洗劫东阳,八月袭击永嘉和现在的浙江省温州附近,但被宋朝的创始人刘裕的军队击败,正当要追赶上时,他们就泛海番禺,寇广州。(《晋书》卷百《卢循传》)

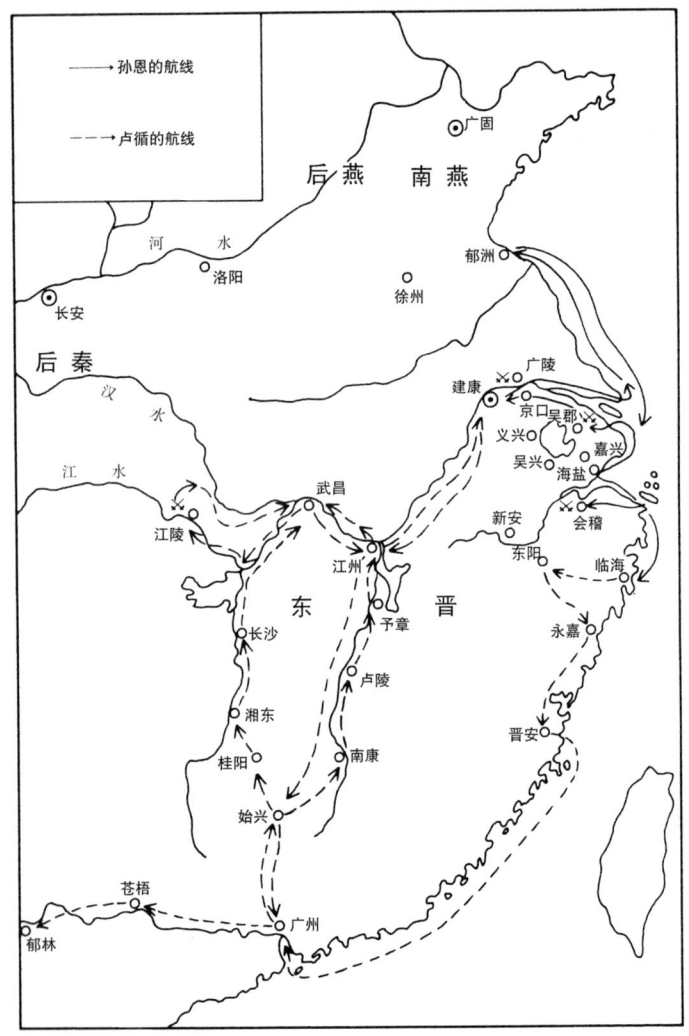

图 1 孙恩、卢循叛乱

如图所示，他们从海上南下到广东。从温州到广东，其航行需要结实的船只和具备高超的航海技术。在广州，卢循赶走刺史吴隐之，自称平南将军，当时的东晋王朝正处于内乱状态，无力顾及，就任命卢循为广州刺史，向王朝朝贡。

不久，在广东势力得到进一步加强的卢循于义熙六年（410年）进攻南京。支持卢循的是卢循的姐夫徐道覆。但是，当他们被刘裕的军队追击时，于第二年义熙七年（411年）二月再度回到广东。但在广东又被孙季高击败，便率领残余部队往南逃亡。但最后他们还是于当年被胶州刺史杜惠度歼灭了。卢循自杀，其首级被送往首都（《宋书》卷二《武帝》中）。

在《太平御览》卷七七〇《舟部三》舰条目中有如下记载：

> 义熙起居注曰：卢循新作八槽舰九枚，起四层，高十余丈。

义熙是东晋的年号，相当于405至418年。卢循于411

年死去，但在《宋书》卷一《武帝上》的义熙六年四月条目里有如下记载：

> 别有八艚舰九枚，起四层，高十二丈。

从这一记述中，可以推测《太平御览》所引用的《义熙起居注》的记述发生在义熙六年间是没有疑问的。这时，卢循已经建造了拥有8个船舱的大型船舶了。

另外，在《太平寰宇记》卷一〇二《江南东道十四》泉州的风俗中，有这样的记述：

> 泉郎即此州之夷户，亦曰游艇子，即卢循之余。晋末卢循寇暴，为刘裕所灭，遗种逃叛，散居山海，至今种类尚繁。

从这一记述中得知，在福建沿海一带跟随卢循的人数量很多。

第二章　海外贸易的发展与海贼（唐—元）

渤海之海贼

现在我们来看唐代海贼的活动。

在《资治通鉴》卷二一三，玄宗开元二十年（732年）九月条目里有如下记述：

> 渤海靺鞨寇登州，杀刺史韦俊，命左领军将军盖福顺发兵讨之。

这是唐代最初有关海贼的记载。靺鞨王武艺是渤海的武王（719—737年在位）。那时他的统治区域为现在的中国东北，从辽宁省的北部到俄罗斯的沿海州。武艺统治下的将军张文休的军队可能将辽东半岛沿海的海贼编入其中。他们经常出没登州,即现在的山东半岛中部最北面的蓬莱市一带。

此时的东亚,除了唐朝之外,渤海、新罗等国家也成立了。它们要横渡渤海进行贸易。随着这一地区贸易的发展,海贼活动也会频繁起来。

长庆元年(821年)三月,平庐节度使薛平上奏说,应禁止海贼绑架朝鲜半岛的新罗国的人卖到沿海各郡县的行为。(《旧唐书》卷一六《穆宗本纪》,另见卷一二《薛平传》)薛平上奏的主要内容是海贼绑架新罗人并将他们当作奴婢卖到山东登州、莱州和沿海一带。新罗虽说是外国,但它向中国朝贡,与中国内地的地位相差无几。他感到农民和百姓会遭到海贼的危害而主张朝廷加以制止。(《唐会要》卷八六《奴婢》)从上面的事例可以看出,海贼的抢劫已经发展到人口买卖,他们以渤海为根据地,其活动范围已扩展到朝鲜半岛。

> 不得买新罗人为奴婢,已在中国者,即放归其国。(《旧唐书》卷一六)

在南方,在《资治通鉴》卷二一五,玄宗天宝三载(744年)二月有如下记载:

海贼吴令光等抄掠台、明,命河南尹裴敦复将兵讨之。

《旧唐书》卷九《玄宗下》天宝三载中,有如下记载:

夏四月,南海太守刘巨鳞击破海贼吴令光,永嘉郡平。

看来,事件发生在四月,但在《新唐书》卷五,天宝二载十二月壬午条的记载是:

海贼吴令光寇永嘉郡。

在该书的天宝三载二月丁丑条有如下记载:

丁丑,河南尹裴敦复、晋陵郡太守刘同升、南海郡太守刘巨鳞讨吴令光。闰月,令光伏诛。

据此记载,海贼吴令光于天宝二年末至天宝三年二月(或四月)出没于现在的浙江省东北部沿海的宁波至温州附近的地区。可以推测,吴令光是以温州附近的沿海地区为根据地的海贼。

鉴真和尚与海南岛的大海贼

众所周知,出生于扬州江阳的鉴真和尚(688—763年)应日本的入唐僧荣普照的邀请东渡日本。鉴真于天宝十二载(753年)终于成功东渡日本,但是在此之前已经有五次东渡失败。在天宝七载十二月左右发生的海难中,鉴真一行漂流到中国南端海南岛的南部,其后不久到达万安州[1]。万安州位于海南岛东南部。鉴真一行受到万安州首领冯若芳的接待。在《唐大和上东征传》中,有如下记载:

---

[1] 现万宁市。——译者注

州大首领冯若芳请住其家,三日供养。若芳每年常劫取波斯舶三二艘,取物为己货,掠人为奴婢。其奴婢居处南北三日行,东西五日行,村村相次,总是若芳奴婢之住处也。若芳会客。常用乳头香为灯烛,一烧一百余斤。其宅后苏芳木露积如山。其余财物亦称此焉。行到[崖](岸)州界无贼,别驾乃回去。

以海南岛东南部为根据地为霸一方的冯若芳明显就是南海的海贼头领。他在日常生活中如此阔气,可见于《唐大和上东征传》。但他如此巨大的财富来自何方?

其后,鉴真和尚一行到达广州。《唐大和上东征传》中有如下记载:

江中有婆罗门、波斯、昆仑等舶,不计其数。并载香药、珍宝,积载如山。其舶深六七丈。师子国、大石国、骨唐国、白蛮(指阿拉伯、波斯等白种人)、赤蛮(非洲黑种人)等往来居住,种类极多。

如史书所记载的那样,在广州黄浦江一带停泊来自印度、波斯、马来半岛等东南亚的装运香料、香药、珍宝等贵重物品的船只,其数量数不胜数。当时有斯里兰卡、阿拉伯等国的许多人来到广州并居住下来。

对冯若芳来说,一年中袭击如此众多来广州的外国船只中的两三艘并不困难。这些就是鉴真一行人眼里看到的令人吃惊的豪华富贵的景象。

南海贸易的繁荣

据《唐大和上东征传》的记载,外国船只也是海贼抢劫的目标,这些外国船只来航的情况即唐代海外贸易的情况如何呢?

在记述 8 世纪前半叶至 8 世纪中叶状况的《唐国史补》卷下中有如下记载:

> 南海舶,外国船也。每岁至安南、广州。师子国舶最大,梯而上下,数丈皆积宝货,至则本道奏报,郡邑为之喧阗。有蕃长为主领,市舶使籍其名物,纳舶脚,禁珍异。蕃商有以欺诈人牢狱者。舶发之后,海路必养

白鸽为信,舶没,则鸽虽数千里,亦能归也。

由此可见唐代广东一带的区域海外贸易繁荣的景象之一斑。7世纪伊斯兰国家成立,幅员辽阔的商业贸易网络形成后,从印度洋出发,横跨中国南海的西亚的商人们的活动就活跃起来。他们将西亚、东南亚的黄金、银、香料运往中国,以交换中国的绢织物和陶瓷。这个南海贸易的中心地就是广州。到了唐代,连接中原和广州的陆路和从广州到越南的水路得到完善,大大促进了广州的繁荣。

有关广州港口的繁荣景象的描写也出现在阿拉伯商人写的书籍中。在作者不明的《支那、印度见闻》(藤本胜次译注,关西大学出版广报部,1976年)第一卷中有如下的记述:

  有时出现(支那的)商品在西拉夫缺少的现象。原因之一是在汉夫(广州)发生火灾。火灾烧毁了这些商品。这个城市是船舶的停靠港,是阿拉伯人和支那人的商品集散地。

可见，广州是阿拉伯世界和中国通过船运进行物产交换的大集散地。

波斯湾头部的海港西拉夫人阿布·赛德·阿尔哈桑著的《支那、印度见闻》第二卷中，对来到广州的阿拉伯人非常惊讶中国绢制品的精巧的场面有如下的描述：

> 宦官、将军身着极其华丽的丝绸衣服。这些丝绸如果不得到支那人的允许，就不会被运到阿拉伯国家，而且还会漫天要价。这些话是这样的大商人——有信用的人——告诉我的。有时，这些大商人会见宦官。这些宦官是皇帝派遣到汉夫（广州）来的官员，其任务是从阿拉伯进口的商品中选择最需要的物品。但是，在他的胸口处，这位商人透过他穿的贴身的丝绸衣服看到身上的黑痣。这位商人推测他身上穿着两件衣服。宦官对商人奇异的眼光感到奇怪，于是问道：
>
> "你是在注视我的胸口，不是吧？"
>
> 商人回答说："我对透过衣服能看到您身上的黑痣感到惊讶。"
>
> 宦官大笑，并把长衣袖伸给商人看，说："你数一

数,有多少件?"

商人数了一下一共有五件,身着五件衣服还能看到身上的黑痣!

这些衣服用的料子是没有经过漂白的生丝。总督穿着的丝绸衣服比眼前看到的还要高级、华丽。

上面是对中国宦官和可能是阿拉伯商人之间交往的描写。从这一对话可以看出,外国商人十分羡慕中国以高技术生产出来的丝绸品。

当然,为得到中国生产的丝绸品来到广州的外国船只也会成为冯若芳那样的海贼的猎物。

前文提到的《唐国史补》出现的市舶使,相当于现在海关关长的职务。据史书记载,该职务于开元二年(714年)首次设立。(和田久德《唐代市舶使的创置》,载《和田博士古稀纪念东洋史论丛》,讲谈社,1961年)

《资治通鉴》卷二二三,代宗广德元年(763年)十一月条目中有如下记载:

广州市舶使宦官吕太一发兵作乱,节度使张休弃城奔端州。

元代的胡三省对此有如下注解：

> 唐置市舶使于广州以收商船之利，时以宦者为之。

市舶使的职务似乎由宦官担任。前面提到的《支那、印度见闻》一书出场的宦官也是市舶使。

李勉唐皇族出身，他于大历四年（769年）被任命为广州刺史兼岭南节度观察使，他赴任时的广州的状况如下：

> （赴任）前后，西域船泛海至者岁才四五。勉性廉洁，舶来都不检阅，故末年至者四十余。（《旧唐书》卷一三一，列传八一、宗室宰相，李勉传）

此外，在《新唐书》卷一三一中也有如下记载：

> 西南夷舶岁至才四五，讥视苛谨，勉既廉洁，又不暴征，明年至者乃四十余柁。

这是因为李勉上任后，放松入港审查和减轻赋税，才使外国船入港的数量激增。由此可以推测，李勉的前任向外国船只征收了苛刻的赋税。

可以说，岭南节度使是一个有丰厚油水的官职。《资治通鉴》卷二二五，代宗大历十年十一月记载着岭南节度使路嗣恭反叛的事件。叛乱镇压后朝廷没收的财物达数百万贯。(《旧唐书》卷一二二《路嗣恭传》)

此外，中央的大官除了岭南节度使之外，有在国内得不到外国产品。《资治通鉴》卷二二五，大历十二年三月条下有这样的记载：中书侍郎、中书平章事元载因极尽横暴，赐以自尽，其家产没收归官。其中，胡椒就达800石之多。另外，在《旧唐书》卷一一八《元载传》中也有元载长时间位居宰相，不但依仗权势，还"将外方珍异皆集其门"，《新唐书》卷一四五《元载传》中也有没收其家财钟乳500两、胡椒800石的记载。可见，在依仗权势的大官中，有人拥有数额不菲的外国船只带来的贵重物品。

北宋时期的海贼

平定唐灭后出现的五代混乱局面的是宋王朝（北宋）。到了北宋第二代皇帝太宗淳化四年（993年），长江流域江贼猖獗，朝廷派遣内殿崇班杨允恭保护江南水运的安全。他首先全部处死江贼百余人，并将其首级挂在街头示众。其后，在通州附近海贼活动一出现，官军赶赴讨伐，海贼便将船只并在一起用发射弩和火网进行抵抗。杨允恭也因受到江贼的抵抗右肩负伤，但他毫无退缩继续加强攻击，海贼大半被打死，捕获数百人，从此江南一带的海贼之害销声匿迹。杨允恭也因此功升任洛苑副使，掌管江淮、两浙都大发运、擘画茶盐捕贼事。太宗还赐以紫袍、金带、钱50万[《续资治通鉴长编》（下称《长编》）卷三四，淳化四年十二月条]。可以推定，此时的海贼在通州即长江河口附近还比较猖獗。

仁宗庆历元年（1041年），录通泰等州巡检、东头供奉官赵兼逊评定了海贼。(《长编》卷一三四，庆历元年十二月条）从赵兼逊管辖的地区通州、泰州，即现在的江苏省沿海地区长江以北一带来看，这里的海贼与淳化四年的海贼一样其活动地盘应为从长江河口到东海沿海一带。

庆历五年五月,时任登州知州的刘涣讨伐海贼大获成功。在登州,自古以来渔民为对付海贼在渔船上备有防御用的刀,因为官府的防御体制松懈时,海贼活动就频繁。刘涣上任登州后着手加强船只的防备,也想出了许多击溃海贼的办法,使登州一带的海贼活动迅速减少(《长编》卷一五五,庆历五年五月丁丑条目)。海贼之所以出没于登州一带,理由之一可能是他们将北上开往密州板桥镇的海船为猎物。北宋时期的登州的管辖地相当于现在山东半岛东部,山东半岛中部有莱州,西南部有密州。朝廷在这个属于密州的胶西板桥镇都设有市舶使,可见当时繁荣的程度。

元祐三年(1088)三月乙丑条中可看到户部状(《长编》卷四〇〇七)有如下记载:

> 访得本镇自来广南、福建、淮、浙商旅乘海船贩到香药诸杂税物,乃至京东、河北、河东等路商客般运见钱、丝绵、绫绢往来交易,买卖极为繁盛。然海商之来,凡乳香、犀、象、珍宝之物,虽于法一切禁榷,缘小人逐利,梯山航海,巧计百端,必不能无欺隐透漏之弊。

由此可知，在海外收购的乳香、犀牛角、象牙等通过海船运送到山东胶州湾，在此与华北的商人进行商品交易。海贼对这样值钱的物品难道不眼馋吗？对海贼来说，这是送到眼前的美食。

福建海贼的抬头

1126年，金兵南下，导致北宋灭亡。逃到江南的皇族在杭州建立临时的首都，恢复宋王朝（南宋）。首都位于沿海地区，发生与海上有关的事件肯定要多起来。

在《宋史》中有许多在南宋时期发生海贼事件的记述。

[绍兴五年（1135年）正月] 庚午……海贼朱聪犯广州，又犯泉州。(《宋史》卷二八,《高宗五》)

（绍兴五年闰二月）癸亥，海贼陈感犯雷州，官军屡败。(《宋史》高宗五)

（绍兴五年三月）壬辰，命广东、福建路招捕海贼朱聪。(《宋史》高宗五)

（绍兴五年八月）丙寅……海贼朱聪降，命补水军

统领。(《宋史》高宗五)

（绍兴五年）朝廷以海寇郑广未平，改知福州。(《宋史》卷三七六《张致远传》)

（绍兴六年夏四月）己未，命福建安抚司发水军讨海贼郑庆。(《宋史》高宗五)

（绍兴十四年夏四月甲午）遣马军司统领张守忠讨海贼朱明。(《宋史》高宗七)

韩世忠的长子韩彦直是南宋建国有功的得力武将，是在淳熙元年（1174年）前后担任两浙东路的知温州的地方长官。当时，出没于海洋的海寇十分猖獗。韩彦直向将军、土豪们传授计谋，不足十日生擒海寇头目，海路由此安然无事。(《宋史》卷三六四《韩世忠传》)

绍定五年（1232年），海寇王子清犯福建晋江南部的围头，真德秀派遣泉州人王大寿进行防御，王子清战死。(《宋史》卷四五三《忠义传八》)

南宋时期的首都放在杭州作为行在（临时首都），浙江、福建沿海尤其是以福建沿海为中心的海域为海贼多发地区。中国历代王朝的首都一般都放在黄河流域中部，北宋以前，山东沿海或江苏、浙江沿海为海贼多发地区。这是南宋时期与其他时期海贼问题大不相同的特点。其理由之一是，北宋以前，在福建地方，即使有海贼出没，但没有被视为政治事件而被忽视，因此很少见于史书记载。另外，开往首都的贸易船由于首都地点的变更而改变航路这一点也与此有很大的关系。这一时期，位于从广州到杭州的中间路段的福建泉州迅速繁荣也是航路改变的结果。

航海女神妈祖

对于在中国水上航行的帆船的人们不可缺少的是对妈祖的信仰。妈祖是保护海上、水上航行安全的女神。

有关人们将妈祖作为祈祷航海安全的女神有各种说法。一般的说法是，出生于福建莆田湄洲的林氏家族中有个女儿由于有很强的预测能力，死后就被当地的人视为女神并成为供奉的对象。到了宋代，莆田南面的泉州繁荣起来成为贸易中心地，从海上或水上航行往返于这里的人们及与此有关的人们开始供奉航海女神。（李献璋《妈祖信仰研究》，泰山文物社，1979年）

大体上说，随着福建商人商业活动的不断发展，航海女神妈祖信仰才逐渐扩展到中国广大的沿海地区。1992年夏，奈良行博对中国的香港、澳门、广东、福建、浙江、江苏、山东、天津等沿海地区祭拜妈祖的寺庙进行为期约五十天的实地考察。根据他写的报告［《拜访中国的航海女神"妈祖"的寺庙》（一）至（五），载 *THE KAIGI TSUSHIN*（《海技通信》），海技大学校，1993年11月、12月，1994年2月、3月、4月］，即使在现在，几乎所有的寺庙都成为信仰的对象，就算不再是信仰的对象，也作为历史古迹加以保护。笔者本身也到过澳门的妈祖阁、福建的天后庙、天津的天后宫［松浦章《天津民俗博物馆——天后宫》，载《阡陵（关西大学博物馆汇报）》No.29，1994年］，目睹了现在许多中国人祭拜妈祖的现象。

妈祖在历代王朝都加以保护，尤其是在明代，妈祖作为天妃而受到祭拜。郑和到印度洋的大航行（见后述）时也对妈祖给予的海上航行保护进行感恩祭拜（《娄东刘家港天妃宫石刻通番事迹记》，载《吴都文粹续集》卷二八）。清代康熙二十三年（1684年），妈祖被加封为"护国庇民昭灵显应仁慈天后"，乾隆皇帝也对天后进行三次加封。妈祖

图 2 宋元时期曾作为国际贸易港口的泉州后渚（1981 年摄）

图 3 祭拜妈祖的泉州天后宫

图 4 为祈求航海安全敬奉给澳门妈祖阁的两种刻石

被誉为"天后圣母"和"天上圣母",受到人们的爱戴,国家也对妈祖进行慷慨的保护。(《"天后圣母事迹图志""天津天后宫行会徒"合集》,香港和平图书有限公司,1992 年)

蒙古与海贼

征服南宋的蒙古人建立了包括中国和俄罗斯在内的大帝国。连接欧亚大陆东西方向的通商路在蒙古帝国时代得到大力发展。通过因马可·波罗而名声大噪的沙漠中的绿洲而进入草原的通路自不必说,海路也非常繁忙。作为游牧骑马民族的蒙古族虽然并不擅长海上活动,但成功地将擅长海上活动的中国海商们纳入自己的统治之下。他们利用从长江河口运往北京的税粮运输的航运关系人,进行历代王朝无法比拟的海运活动。

蒙古人在中国建立的元王朝,平定江南后不久,就利用张宣、朱清等在长江河口崇明进行偷运盐的商人,通过海上运输将从宋押收的文书运往北京。此后,还让他们建造 60 艘平底海船,并用这些船只将江南的税粮通过海上运输运往北京,开辟了海运路线。

在中国首次主动地利用海洋发展国家海运的王朝并不是作为农耕民族的汉民族建立的王朝，而是作为游牧民族的蒙古族建立的元王朝。

蒙古人不仅将海商收归旗下，而且也将海贼纳入自己的统治范围，使海军力量大大增强。

元世祖忽必烈至元十七年（1280年）广西廉州的海贼霍公明和郑仲龙等人降伏（《元史》卷一一《世祖八》）。

至元十六年海贼贺文达、顾润等人抢劫海岛。由于辅国上将军都元帅合剌带成功劝降了贺文达，元朝还增加60艘船加强其实力（《元史》卷一二）。元朝于两年后的至元十八年东征日本。在日本称为"弘安之役"，一般认为，蒙古人在实施的第二次元寇活动中，将华南地区的海贼集团充当海军作为征服日本军队的一部分。

合剌带的名字在《元史》中有四种表记。在他的传文中，有这样的记载：至元二十年九月戊午，合剌带成功将象山县海贼尤宗祖等9592人归顺元朝，沿海海域由此平安无事。象山县属于江浙行省庆元路，相当于现在的浙江省宁波市东南部朝向东海的地区。

至元二十年十一月癸丑，总管陈义应元朝的要求，向元朝提供了自己建造的海船30艘。陈义也因此功劳获得了元朝授予万户之位的称号。陈义最初是绰号为"五虎陈"的海贼。至元十三年百家奴继父亲嗦都之后以郢复州招讨使、建康宣抚使身份率征宋军乘坐军船沿着华南沿海航行进驻福建同安,在平定所有的沿海县镇后,五虎陈义率领战船3000余艘归顺。进入元朝之后,五虎陈义援助张弘范,也为元朝捉拿南宋遗臣文天祥出过力。

尽管有一部分的海贼归顺了元朝,但有人继续操以海贼为生计的活动。

至元二十年正月,曾归顺的海贼贺文达抢劫平民、妇女130余人。

至元二十一年十一月己丑,江西行省参知政事的亦黑迷失抓捕了海贼黎德及其团伙133人。黎德当场被打死,黎德的弟弟黎浩和吴兴被护送到大都北京,元朝让他们从事农业活动。黎德残余全部被平定是在第二年的二月份。元朝的江西行省的管辖区域相当于现在的江西省和广东省北起长江中流的九江,南至广东沿海的潮州、广州和阳江。黎德等被捕的地方尚不清楚,但可以推测他们可能是出没于广东沿海一带的海贼。

海上群雄方国珍

在《明史》卷一二三《列传十一》中记载着元末时期陈友谅、张士诚、方国珍、明玉珍等人率领各地的叛军与元王朝作战，相互争霸的事件。在这些人当中，陈友谅出生于湖北省汉阳附近的渔民之家，在长江以打鱼为生。张士诚是靠近江苏省扬州的白驹场亭人，一直从事运输盐的活动。方国珍是浙江省台州黄岩人，祖祖辈辈在海上从事盐的贩卖活动。

在建立明王朝的太祖朱元璋在创业过程中遇到的对手里，毫无疑问，上述的三人都是在水运方面具有相当知识和经验的人。其中，出身于沿海地区以海运为生的方国珍与陈友谅、张士诚不同，他在海运业方面有强大的实力。

元朝至正八年（1348年），当在海上肆虐抢劫的蔡乱头被捕后，方国珍就被告密与他有关系。方国珍杀死告密者，与其兄国璋、弟国瑛一起逃到海上，就纠集数千民众抢劫运输船只堵住海路。元朝下令行省参政讨伐，反遭击败，于是改为怀柔政策，授予方国珍为定海尉。但不久，方国珍又起兵反叛，洗劫温州。元朝再度授官以招归顺。方国珍还是屡次叛乱，到元末，其割据的地区从相当于现在江苏省南部的庆元、温州、台州等到浙江省的沿海地区，并控制了这一带的海上区域。这种状态下，即使是已经打败了陈友谅的朱元璋也不能简单地制伏方国珍了。但到了洪武二年（1369年）汤和成功地平定了方国珍。方国珍被授予广西行省左丞，数年后死于南京。在元末群雄中，方国珍是少有的享有善终的人。

第三章　倭寇与中国海贼（明）

倭寇与海禁政策

在浙江仁和人张瀚（1510—1593年）所著的《松窗梦语》卷三《东倭纪》中有如下记载：

> 日本在东南大海，近日所出，故以名之，即古倭奴国。海中诸夷，倭最强盛……
>
> 我明洪武初，倭奴数掠海上，寇山东、直隶、浙东、福建沿海郡邑，以伪吴张士诚据宁、绍、杭、苏、松、通、泰，暨方国珍据温、台等处，皆在海上。张、方既灭，诸贼强豪者悉航海，纠岛倭入寇。

到了元末混乱时期，中国沿海地区开始遭受日本海贼——即所谓的倭寇——的祸害。当时，日本处于南北朝最动乱的时期，加入南朝一方的北九州海贼武士、武装商人以及海上流浪者为了物资的补给抢夺粮食，绑架住民。不久，他们的活动范围扩展到发生动乱的中国，他们还与以江苏、浙江沿海地区为地盘的张士诚，以浙江沿海地区为地盘的方国珍等海上势力联合起来袭击中国沿海地区。明王朝成立后，张士诚、方国珍相继被平定后，其余党与倭寇残余结合，多次进行海盗活动。

明太祖朱元璋为取缔倭寇，加强沿海地区的防卫。洪武四年（1371年），严禁中国人与外国人贸易并禁止出海。但这一被称为"海禁"的锁国政策对取缔倭寇的海盗活动并不奏效。

到了14世纪末，建都于朝鲜的李氏王朝因采取了怀柔政策，在倭寇当中，有人臣服朝鲜王朝，并得到政府的衣服、住宅，有人改从贸易活动，倭寇祸害趋于缓解。在中国，永乐二年（1404年），明成祖永乐帝为区分一般的贸易船只和海贼船只，发放一种被称为"勘合符"的渡航证明书，以此来禁止日本船只的来航，将与海外的贸易置于国家的严厉控制之下。同时，明朝还请求实现南北朝统一的日本室町幕府取缔海贼活动。不久，倭寇逐渐销声匿迹。

海贼出没南海

洪武六年占成国使者来航，向明朝廷报告占成国主打败自称元帅、在海上进行抢劫的海寇张汝厚和林福等人，已溺死其首领，缴获船只20艘，苏木7万斤。(《明史》卷三二四)占成国位于现在越南的南部。那时的海寇张汝厚等人在南海的广东和海南岛以及印度支那半岛沿海一带进行海盗活动。

13世纪后半期，元朝灭南宋后，宋的遗民有的逃亡东南亚，而且，元朝也想远征东南亚但多数的士兵在当地留下不愿前行。结果，从印度支那半岛逃到爪哇的许多中国人在当地定居。这是华侨产生的起源。不过在他们当中，从事海贼活动的人数量不少。到了14世纪后半期，中国人的海贼活动在东南亚一带日趋活跃。

《明史》卷三二四《三佛齐、旧港国传》中有如下记载：

> 有梁道明者,广东南海县人。久居其国。在闽、粤军民泛海从之者数千家,推道明为首,雄视一方。

梁道明离开故乡广东后,以旧港为活动根据地,旧港相当于现在印尼的苏门答腊南端的帕连班。永乐三年,明王朝派遣行人谭胜受和千户杨信等人到旧港,劝梁道明归顺。他们跟梁道明一起回国(《太宗实录》)。在《太宗实录》中称梁道明为"头目"。

永乐四年,与梁道明齐名的旧港头目之一陈祖义将儿子陈士良送往明朝(《太宗实录》)。据《明史》卷三二四、卷三《佛齐、旧港国传》的记载,陈祖义为广东人,虽向明朝朝贡,但仍旧从事海上盗贼行动,使来往于中国的使者痛苦不堪。

前文提到老早就想加强国家控制海外贸易的明成祖永乐帝为垄断南海贸易采取一系列的讨伐海贼的举措,派遣大型船队。这就是郑和的远征南海的活动。永乐五年,永乐帝派遣到西方各国的宦官郑和到达旧港,见到陈祖义,劝其归顺。陈祖义假装归顺,准备袭击明朝使者,但被郑和发觉,对陈发起进攻,陈祖义大败。陈祖义方面有5000

余人被杀死，10艘船被烧毁，缴获船只7艘。郑和捕获陈祖义等3人回国。陈祖义等人被斩首。(《太宗实录》)

取代归顺明王朝的梁道明和被斩首的陈祖义而成为旧港头目的是施进卿。在《太宗实录》中有永乐五年（1407年）九月戊午（八日），旧港头目施进卿派遣女婿丘彦诚向明朝朝贡的记载。明朝因此在旧港设宣慰使，并任施进卿为宣慰使，赐以他宣慰使印绶、诰命，以及表示官位的冠带、丝绸做的文绮和纱罗。

郑和远征南海

在上一节中提到了海贼陈祖义被宦官郑和讨伐一事，这里想论述郑和在远征南海中的若干问题。有关郑和远征南海已有很多的研究，但本书采用一般人没有涉及的明代长江河口太仓州地方志的记载来考察郑和远征南海的情况。

在崇祯二年（1629年）重刻本、嘉靖《太仓州志》（天一阁藏明代方选刊续编二十）卷十杂志中有如下记载：

太宗文皇帝（永乐帝）令太监郑和等率二万七千名

官兵乘海船二百零八艘，赏赐东南各国与西洋通交。

这里描述了郑和远征海外的规模。在明宣德六年辛亥春朔的《通番事迹石刻》中对正使太监郑和、王景弘，副使太监朱良、周福、洪保、杨真等指挥船团，对南海印度洋一事有如下的记载：

> 敕封护国庇民妙灵昭应弘仁普济天妃之神，威灵布于巨海，功德著于太常尚矣。和等自永乐初，奉使诸番，今经七次，每统领官兵数万人，海船百余艘，自太仓开洋，由占城国、暹罗国、爪哇国、柯枝国、古里国、抵于西域忽鲁谟斯等三十余国，涉沧溟十万余里。……
>
> 永乐三年（1405年），统领舟师往古里等国。时海寇陈祖义等，聚众于三佛齐国，抄掠番商，生擒厥魁，至五年回还。
>
> 永乐五年，统领舟师，往爪哇、古里、柯枝、暹罗等国，其国王各以方物珍禽异兽贡献，至七年回还。
>
> 永乐七年，统领舟师，往前各国。道经锡兰山，其

王亚烈苦柰儿，负固不恭，谋害舟师，赖神灵显应知觉，遂擒其王，至九年归献。寻蒙恩宥，俾复归国。

永乐十二年，统领舟师，往忽鲁谟斯等国，其苏门答腊国，伪王苏斡剌，寇侵本国，其王遣使赴阙，陈诉请救，就统领官兵剿捕，神功默助，遂生擒伪王，至十三年归献。是年满剌加国王，亲率妻子朝贡。

永乐十五年，统领舟师、往西域。其忽鲁谟斯国进狮子、金钱豹、西马。阿丹国进麒麟……

永乐十九年，统领舟师，遣忽鲁谟斯等各国使臣，久待京师者，悉还本国。……

宣德五年（1430年），仍往诸番国开诏。舟师泊于祠下，思昔数次皆仗神明护助之功，于是勒文于石。……

从上面的记述看到，自永乐三年至宣德五年，郑和多达七次南下南海大远征。远征后，东南亚、南亚的许多国家正式向明朝派遣朝贡使节，这些朝贡船的往来促使南海贸易更加繁荣。对此，收录于四库全书的《吴都文粹续集》卷二八"娄东刘家港天妃石刻通番事迹记"中也有相同的记述。该石刻于元至元二十三年（1286年）刻在浏河北岸

图 5 郑和远征队的宝船

建造的天妃行宫（道光《浏河镇记略》卷一《发源》）的石碑上。浏河发源于苏州吴县东面的太湖，经昆山、太仓等县，在被称为刘家港或娄家口的地方，是流入长江河口的河流。元朝时期的海运从这里开始经长江河口注入大海。天妃宫是祭拜航海的守护神妈祖的寺庙。

运送 2 万人的远征军的是被称为宝船的帆船。在明朝茅元仪的《武备志》卷二四〇、占度载，度 52，航海中，有"郑和航海图"，记载郑和远征南海的具体航海路线图。郑和是从自南京宝船厂出发,经龙江关下长江,直接到达外国的。在南京的宝船厂建造的最大的船只是"修四十四丈,宽十八丈"(《明史》卷三〇四《郑和传》)。据此说法,船体十分巨大,全长137米,宽56米。从南京的宝船厂遗迹发现的船舶的巨大船舵(周世德《从宝船舵杆的鉴定推论郑和宝船》,载《文物》1962年第3期)验证了《明史》的说法。

郑和的随从人员

在北京故宫西华门内的中国第一历史档案馆所藏的明代档案(公文书)中有《卫所武职选簿》。在其《锦衣卫选簿南京亲军卫》中记载着跟随郑和南海大远征取得功绩的人的简略事迹。福建师范大学的许恭生教授在他的《郑和下西洋与"卫所武职选簿"》(《郑和研究》1995年第一期)提出这一史料的存在,并介绍了跟随郑和下西洋的27名人员的事迹。1995年8月,笔者也获得了阅览该书的机会,还看到除了教授介绍之外的其他许多随行人员的事迹。这里我想介绍其中的两位。

何仲贤是扬州江都县人，何义宗之父，永乐三年（1405年）被选为郑和远征队的一员前往西洋各国，永乐四年在旧港、阿鲁等地讨伐海贼。永乐五年回国升任锦衣卫所正千户，十一月再次参加出征，被派往爪哇等西洋各国。永乐七年归国后升任锦衣卫指挥佥事。何仲贤于八月三度入选远征队。

这位何仲贤在加入远征队之前，曾去过东南亚。他与洪武十九年（1386年）作为通事派往占城，携王子回国。他再次往占城，洪武二十年陪同占城的使臣返回广东。此时，带回大象的何仲贤作为钦留提调操练象只，即大象的饲养官，官至锦衣卫中右所总旗。洪武三十五年（建文四年，1402年），他被派遣到爪哇国，于第二年即永乐元年（1403年）回国，升任锦衣卫训象所百户。是年八月赴西洋各国，永乐三年回国后升任训象所副千户，被授予流官职事，是年八月被选入郑和的远征队。他之所以被选入远征队也是因为看中了他多次去过东南亚的经历。

张通是新城县人张汉的曾祖父，永乐四年被选为郑和远征队的一员赴西洋各国，多次立击溃海贼船的功绩。永乐五年被派往斯里兰卡讨贼，官至正千户。永乐十年在西洋百沙岸再立战功，永乐十三年升任指挥佥事。张通在加人远征队之前于建文三年（1401年）任仪卫司校尉，洪武三十五年因南京平定升任小旗。他被选入远征队是因为看中了他的军人身份。

海禁政策的弊端

如上所述，明王朝一开始就采取了海禁政策，管理海外贸易，严禁中国人出海。但是，到了明代中期以后，随着商品生产和货币经济的迅速发展，就出现了通过对外贸易获取财富的商人。正统十四年（1449年）六月，福建巡海按察佥事董应轸曾上奏说："按旧例，沿海住民秘密与外国贸易，泄漏事情者，与海贼贸易攻击沿海者即处以极刑。但有人为了肥私腹犯禁例。"（《英宗实录》正统十四年六月壬申条）虽然此时英宗正统帝向刑部发出严禁的命令，但进行秘密贸易的商人们为回避惩罚而逃亡为海贼。

在正统十四年三月，巡按广东监察御史沈衡报告海贼率10余艘船停靠在靠近广东省潮州的福建省镇海卫玄钟千户所，攻击该所所在之城，但被官军击溃事宜（《英宗实录》）。正统十四年海贼张秉彝率海船200余艘围攻中左

所（后来的厦门），邑人叶秉乾率义兵击退。(《厦门志》卷一六《纪兵》)

天顺二年（1458年），海贼严启盛抢劫广东省香山、东莞等地，巡抚右剑都御史叶盛进行讨伐。此事在《苍梧总督军门志》卷一七中有记载。严启盛被判死刑关在福建省漳州府监狱，逃狱并纠集囚犯逃亡海上，杀害官兵，在广东沿海地区到处抢劫。

到了16世纪中叶，追求东洋财富的葡萄牙人出现在中国的沿海。他们的出现使原有的秘密贸易更加活跃。海贼活动也因此更加猖狂起来。

嘉靖十年（1531年），海贼黄秀山等人叛乱。（《苍梧总督军门志》卷一九）黄秀山与他的同伙都是广东省东莞县的平民。他们乘船出海，纠集了广东省潮州、惠州、雷州、廉州以及福建省、浙江省的亡命之徒在海上抢劫。将广东和福建的沿海称为东西二路，可见海盗猖狂之一斑。由于黄秀山等人袭击广东省沿海的乡村居民的商船，危害很大，朝廷终于派提督兵部右侍郎林富、总兵咸宁侯仇鸾前往镇压。黄秀山等200余名海贼被官军杀死。

第二年嘉靖十一年，海贼许折桂等叛乱。（《苍梧总督军门志》卷二〇）许折桂手下的陈邦瑞、周广等人都是广东省东莞县的平民。他们原先都追随黄秀山。黄秀山被官宪处死后，他们逃亡交趾（现越南北部），在这里，许折桂成了首领，纠集同伙在沿海一带抢劫。朝廷派遣兵部左侍郎陶谐和仇鸾率官兵前往镇压，逮捕海贼59名，处死周广等人，许折桂请求降伏，上缴官府被禁止的物品和船只。此时被俘虏的人达1700余名。

嘉靖二十六年，被任命为浙江巡抚的朱纨准备在沿海地区采取严厉的取缔行动。在朱纨被任命浙江巡抚之前，在沿海做走私贸易的人与倭人佛郎机等国人（葡萄牙和西班牙人）进行违法贸易，尤其是福建人李光头、徽州县人许栋以宁波的双屿、漳州的月港等地为根据地用大型帆船装载国家严禁的货物进行交易。在这种情况下赴任的朱纨实施严厉的海防政策，摧毁双屿、月港等走私贸易的根据地（这成了后来的大倭寇产生的一个原因）。但是，被称为"取衣食于海"的福建民众对此政策十分不满。另外，曾经得到高额利润的地方豪强也感到他的政策不当，向中央政府高官请求废除，结果，朱纨被赶下台，自杀身亡。这说明朱纨的严厉措施遭到了沿海地区各阶层许多人的抵抗。

他曾说：

> 去外国盗易，去中国盗难；去中国濒海之盗犹易，去中国衣冠之盗犹难。

在沿海地区，知识分子等对海上贸易采取积极态度，朱纨孤军奋战是难以铲除海寇的。(《明史》卷二〇五《朱纨传》)

明代后期的沿海航运与海贼

被派到浙江以取缔海寇的朱纨留下了《海洋贼船出没事》(《甓余杂集》卷三)，这是他于嘉靖二十七年(1548年)五月三日到六月二十一日期间进行长达39天对沿海地方(除一件之外其余均为浙江沿海)的船舶航行的调查报告。该调查报告中记录的船舶数为1172艘，记录的天数达39天，平均每天30艘强。即使从五月三日到六月二十一日的天数为48天来算，一天的船舶数达24艘强。

在他的记录中出现的船只几乎都冠名以海贼船。此外，他还记录了不少被海贼船袭击的民间船只。可见,僧多肉少,数量很多的海贼船一齐在等候袭击少量猎物的商船。(松浦章《明代后期的沿海航运》,载《社会经济史学》卷五四第三号,1988年)

例如在五月五日的条目中有浙江省温州府永嘉县人徐魁、吴合等人的船遭遇40余艘海贼船的袭击的记录。他们在福建购入木材运往北方的港口以获取高额利润。但他们刚从温州、宁波出来在与浙江省接壤的福建省北部的福宁州沿海便遭到了海贼的袭击,6艘船中1艘被烧毁,2艘被击毁。

"嘉靖大倭寇"的出现

前文提到,明代初期倭寇从永乐年间(1403—1424年)就不那么猖獗了,但并不等于倭寇彻底销声匿迹。《松窗梦语》也叙述到明代中期的正统(1436—1449年)、弘治(1488—1505年)年间的倭寇的活动:

> 正统、弘治间屡屡入寇,嘉靖初,倭国内乱,诸道争入贡,会至宁波,自相響杀,悉皆遣还。

这里所说的在嘉靖年间（1522—1566年）初期在宁波发生的时间即指所谓的"宁波之乱"。当时明朝通过发放勘合符的方式禁止日本船只来航。允许来航的只限于明朝封册的日本国王即足利将军来明朝的朝贡船，这些朝贡船必须持有明朝颁发的勘合符。但实际上在日本的中国地区[1]和九州一带拥有实力的大内家族和作为在幕府内拥有很高地位的管领细川家族的贸易船都获得了勘合符。到了嘉靖二年（大永三年，1523年），大内和细川两家族派出的勘合贸易船在宁波相互争夺朝贡权，最后发展到中国官吏也卷入其中的争斗。这一事件发生之后，勘合贸易被大内家族垄断。另一方面，在中国，明朝对日本的朝贡船也加强管理，加大取缔利用朝贡进行走私贸易的力度。在前一节中提到的朱纨采取的措施也是其中的一环。然而，这一做法的结果是，被排除在外的贸易商人们只好将根据地转移至日本，进行走私贸易。而且，垄断了勘合贸易的大内家族于1551年灭亡，日本与中国之间的正规贸易通道中断了，商人们进行贸易的手段除了走私贸易之外别无他法。

---

[1] 位于日本本州岛西部，包括鸟取、岛根、冈山、广岛和山口5县。——译者注

浙江、福建生产的丝绸产品、陶器和明朝铸造的铜钱、日本生产的银都采用走私贸易的形式。交易场所在浙江、福建的沿海地区。走私贸易的人为保护真正的海贼的袭击也自我武装起来。当贸易不顺利，就利用手中的武器进行抢劫而成为海贼。

嘉靖三十一年（1552年）以后，就出现了将中国的无赖也卷入其中的倭寇危害。倭寇抢劫浙江、南直隶各地，甚至还南下抢劫福建、广东沿海地区。这是史称"嘉靖大倭寇"的开始。

史书中记载的"大倭寇"

有关这一时期的倭寇研究有很多。因此，我想以人们一般没有采用到的中国史料为基础来阐述"嘉靖大倭寇"。

先以浙江北部的平湖县的海港乍浦为例来看看这一时期倭寇的危害。据天启《平湖县志》（天一阁藏明代方志选刊续编二十七）卷六，倭变的记载，在正统七年（1442年）以后乍浦屡遭倭寇袭击，最猖狂的时期是嘉靖三十二年（1553年）。嘉靖三十二年四月二日以后的四月五日、二十一日、二十三日、二十五日，五月九日、十二日、十八日、二十日、二十六日，七月六日，九月十二日，十一月遭受了倭寇的袭击。在嘉靖三十三年中，遭受倭寇袭击具体日期为：三月八日，四月四日、五日，五月二十日、二十一日、二十四日、二十六日、二十七日、二十八日。嘉靖三十五年遭受袭击的具体日期为：二月二十九日，三月二十六日，六月二十一日、二十五日、二十九日，七月二十九日，八月一日、二日、八日、十二日、十五日、十六日、十七日、

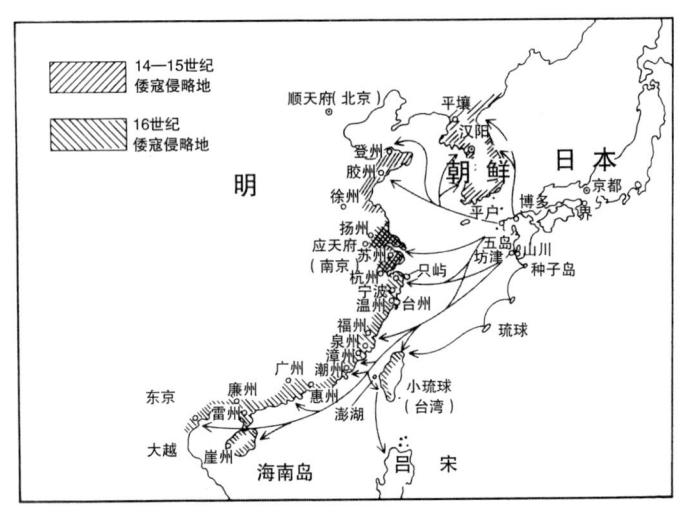

图6 倭寇的袭击

图7 明代将军戚继光讨伐倭寇的军舰

十九日、二十日、二十三日、二十四日、二十五日、二十六日，八月的一个月大体连日遭到倭寇的袭击。

大概在同一时期，苏州吴县也有倭寇袭击的记录（崇祯《吴县志》卷一一，详异，载《天一阁藏明代方志选刊续编》卷一六）。嘉靖三十三年六月五日，倭寇火攻苏州城阊门，到枫桥，又于八日、九日、十一日多次遭攻击，巡抚都御史周充等人于六月六日至十二日在闾门一带采取长达7昼夜的戒严。嘉靖三十四年，他们于五月九日、十三日、二十六日，十月十三日、十六日、二十日、二十一日、二十五日、二十七日，与倭寇进行战斗。在十月十三日的记述是这样的：

> 自余姚先渡钱塘江的流倭五十三人，经徽州、宁国、芜湖至南京，经溧水、宜兴、无锡北到常熟沿海，即赴柘林（现在上海市南部的沿海附近），转战三千余里，所向无敌。

据此记述，50多名倭寇在长江下游三角洲的主要城市进行长1500公里的抢劫活动。

《世宗实录》多次将嘉靖后期倭寇称为"新倭"。

在《世宗实录》嘉靖三十七年（1558年）四月辛巳条里，有"新倭"犯浙江台州、温州，福建福州、兴化、泉州等沿海地区，上陆掠夺的记载。在嘉靖三十八年四月丙午条里也有"福建新倭"攻掠福建沿海各地的记载。这些攻击船团皆为"倭舟"。在同一年的四月甲寅条里也有"福建新倭"

攻击福建沿海的记录。嘉靖三十九年十一月乙丑条里，有巡抚福建都御史刘寿类率联合福建潇州、月港的旧寇船团攻击"新倭"的记载。嘉靖四十二年十月丙辰条里也有"福建新倭"攻掠福建福清、福宁、政和等的记述。嘉靖四十二年四月庚申条的记载是："福建新倭"自福建长乐上陆，一路抢劫至福清，被总兵官刘显、俞大猷平定。

倭寇想要的

连年反复进行抢劫的倭寇在中国想要什么呢？上文讲到，倭寇是走私贸易派生出来的产物。刘一焜的《抚浙行草》卷一"严禁通倭"里记述道：倭人首欲得输出禁止的缎匹（丝绸），次为绅（绸）绢、纱罗，丝棉亦重要。

实际上，在万历三十七年（庆长十四年，1609年），有10艘中国船只来到九州萨摩，在判明货物的3艘船的货物清单中，列在最前的货物就有缎、绫、绢、湖丝等。（松浦蒲章《明代默契中国商船的日本贸易》，载《日本史研究》第340号，1990年）毫无疑问，丝绸产品是交易额最大的产品。当时的日本处于追求华丽的桃山文化时期，人们争相得到舶来品。对于那些战国诸侯（大名）来说，穿着用中国生产的高级丝绸制作的衣服是显示社会地位高贵的象征。

来自中国的海贼

在《松窗梦语》中有关倭寇人员的构成记述如下：

> 自后闻、浙、江、粤之人，皆从倭奴，然大抵多华人，倭奴仅十之一二。彼贪中国贸易之利，或附贡舶，或因商舶；其在寇舶，率皆贫穷。

可见，被称为倭寇的海贼集团到了明代后期也未必全部都是由日本人构成的。他们当中的大部分为居住在江苏、浙江、福建、广东沿海一带的贫困民众和对明王朝不满的知识分子。领导他们的是新兴商人。

在《苍梧总督军门志》卷一一中有嘉靖三十三年（1554年）提督两广兵部侍郎鲍象贤、总兵官征蛮将军定西侯蒋傅讨伐广东之海贼的记载。这里所说的广东之海贼是指何亚八等人。何亚八、郑宗兴等人从马来半岛中部东岸的大泥国（巴达尼）到广东，袭击沿海的乡村，抢劫人财，也袭击官宪，逃往福建方向，纠集叛徒在沿海进行疯狂抢劫。其中的一伙有陈老、沈老、王明、王五峰（王直）、徐碧（徐铨）、方武等人。他们袭击浙江嘉兴、杭州、宁波、绍兴、台州、温州等一带。何亚八等人再次返回广东沿海时被官军捕拿，何亚八、郑宗兴、方武、陈时杰等处以碟刑，广东海贼由此平定。

在嘉靖时期海寇开始发生时，人数不过50至70人，他们出没于浙江仁和、海宁等地，地方官军和民间的义勇兵也不能击破。在休宁的叶权写的《贤博编》中有这样的记载：因此，有游历的僧侣月空成了防御军的指挥，发挥了很大的作用。

另外，《贤博编》还有嘉靖乙卯（三十四年，1555年）海寇在浙西败北逃往绍兴，在途中杀害钱御史，后下钱塘江，接着袭击富春江富阳、昌化，越过浙江省到徽州，由此往长江流域的太平府，最后到南京；此后，这些海寇沿大运河南下，袭击丹阳、苏州的记载。叶权将这些海寇的活动形容为："贼仅五十人，行二千里。"人数仅50人就能疯狂洗劫1000公里。

嘉靖四十年潮州沿海的海寇侯大才和黄真被官军追捕。(《潮州府志》卷三八《征抚》)

嘉靖四十三年倭寇大举犯潮州,提督兵部右侍郎兼都察院右佥御史吴桂芳和总兵恭顺侯吴继爵讨伐之。(《苍梧总督军门志》卷二一)

海寇王直

在"嘉靖大倭寇"时期的东海名声最大的海寇莫过于王直。王直有时写成"汪直"。在《世宗实录》嘉靖三十六年十一月乙卯条中有如下记载:

> 直,本徽州大贾,狎於贩海,为商、夷所信服——号为"汪五峰"。凡货赇贸易,直多司其质契。

王直是出生于今安徽省的商人,他向日本、吕宋岛、越南、泰国、马六甲等国家和地区出口生丝、硫黄等违禁品获巨额利润。1543年,他对漂流到种子岛的葡萄牙船只配有铁炮的情况十分清楚。那时担任翻译的中国人乘客就是王直。作为海商的王直，他最主要的贸易就是质契交易。李献璋先生认为质契是一种证券。王直是受人委托代理买卖、交易的倭经纪人，即中介商人。[见《嘉靖年间浙海的私商及舶主王直行迹考（下）——海禁下谋求自由（贸易）的商人之生涯》，载《史学》第34卷第2号，1961年]

在明朝方面的记录中，王直一般都被称为海寇。其实，他是海上贸易的商人。他生性豪爽，有智谋，深得贸易圈内人们的信赖。

但是，由于明王朝实行严厉的海禁政策，在遭朱纨的攻击丧失了根据地双屿、月港之后，他率领那些丧失生计的日本和中国的走私贸易者，在日本的五岛、平户设立据点。五岛列岛位于日本的最西端，也就是离中国大陆非常近的地方，而且是遣唐使船只在日本最后的停留港。明代的海贼也来此地。王直来到五岛列岛的福江是在天文年间（1541—1550年）。在明朝看来，王直是违反海禁的海贼。但在日本人看来，是给日本人带来用最尖端技术生产中国产品的一位难得的贸易商人。五岛的领主宇久氏与王直有通商密约，并在福江赠送居馆。现在在福江的唐人街中还能见到中国式的六角井户。据说,这个井户当年就在王直居馆内。

王直的船队从五岛、平户出发对中国的沿海地区进行抢劫。下面是《明史》中有关他的记述:

> 汪直、徐海、陈东、麻叶等起,而海上无宁日矣。(《明史》卷八一《食货、市舶》)
>
> (嘉靖三十二年,1553年)三月,汪直勾诸倭大举入寇。连舰数百,蔽海而至。浙东西,江南、北,滨海数千里,同时告警,破昌国卫。(《明史》卷三二二《日本传》)

在《明史》中,还记录着王直率倭寇攻略沿海地区的情况。在前一节里讲到的何亚八一党里就有王直的名字。

嘉靖三十六年,被任命为总督浙直福建右都御史的胡宗宪将他家人的信转寄给王直,打动了王直。胡宗宪甚至向他许诺允许他进行贸易,以此劝王直回国。然而,这不过是官府的圈套。王直回国后即遭胡宗宪逮捕,最后被处死。

海贼张琏

张琏也是嘉靖末年的大海贼之一。将《苍梧总督军门志》和乾隆《潮州府志》（光绪十九年重刊）卷三八《征抚》的记述整理一下得知，张琏系潮州饶平县乌石村人，初为库吏，因殴打一族之长致死而逃亡。加入郑八、萧雪峰一党。其后，郑八死，他与萧雪峰瓜分其势力。后来，张琏占优势。在嘉靖四十一年，县知事林丛槐曾向张琏许诺，如降服给冠带，提拔为官吏。张琏拒绝并联合萧雪峰一派一起叛乱。在他叛乱之前，故意将"飞龙传国之宝"的石玺刻上字后投进池里，此石玺被打捞起来后，人们认为这是帝王之兆，以此蛊惑民众。福建的中西部、江西省中南部和广东省都有他的势力。

为讨伐张琏，提督两广侍郎张皋除了动用了10万兵力之外，还动员了福建和江西的官军。(《世宗实录》嘉靖四十一年二月己卯条）最后张皋捕获张琏和萧雪峰，斩杀1200余人。(同年五月乙未条)

与其他海贼不同的是，据说张琏似乎没有被处死，并被释放了出来。更离谱的是，他还继续保持非常强大的势力。

万历五年（1577年），来到旧港的商人见到了张琏，此时，他已是店铺一排、拥有外国船的船主了。漳州和泉州的人有许多跟随他，形同中国的市舶官。（《明史》卷三二四）

漳州与海贼

福建省的漳州市是嘉靖时期海贼的中心地。早在嘉靖九年（1530年），根据都御史胡琏的提议，漳州设置巡海道的分司（万历《漳州府志》卷三《巡海道建置》）。漳州常有外国船只和海寇出没，但因离福州较远，特此在此处设立巡海道的分司。

嘉靖二十六年因装载货物的佛郎机（西班牙、葡萄牙）船要在吾屿地方售货，漳州、泉州的商人赶赴此地贸易。为此，巡海道柯乔、漳州知府卢壁和龙溪知县林松领兵攻击外国船，制止贸易。此时首次上任的总督闽浙都御史朱纨实施严厉的海禁政策，逮捕了进行贸易的90余人。（同上书卷一二《兵乱》）

佛朗机船出没的吾屿位于漳州府下的海澄县的海中，与泉州府同安县接壤，是众所周知的海贼船停泊港（同上书卷三〇《海澄县、山川》)。另外,该县的月港位于海澄县城外的一个湖中,与出海口相连,其形状像月亮,因此得名(同上书卷三〇),在史书记载中经常有海贼光顾此地。海澄县原为龙溪县的八都、九郡(里甲制的行政区划),旧称月港,是很繁华的大市镇。在正德年间(1506—1521年)以后,常有许多到海上的商人违背禁令在此地引诱外国商人进行交易。(同上书卷三〇《海澄县、与地志、建置沿革》)

嘉靖三十五年十月,倭寇从漳浦县地方登陆,火攻附近的土城,滥杀居民。一般认为,漳州地方的倭寇始于此年(同上书卷一二《兵乱》)。在嘉靖四十年八月,张琏系及漳州府下的南靖县。嘉靖四十三年二月,倭贼数千人自兴化、仙游县转移到漳州的漳浦县,以讨伐海寇名义出征的总兵戚继光进行追击,杀伤倭寇数百人,斩首300余人。地方官兵也有80余人战死。(同上书卷一二《兵乱》)

琉球与倭寇

琉球(冲绳)自明初起向中国朝贡。对此,《明史》卷三二三《琉球传》有如下记载：

> 琉球居东南大海中，自古不通中国。元世祖（忽必烈）遣官招谕之，不能达。洪武初，其国有三王，曰中山，曰山南，曰山北，人以尚为姓，而中山最强。

1429年，中山王统一三山，成琉球国王，开始向中国朝贡。

这个海上王国琉球也躲避不了倭寇的危害。稻村贤敷曾对琉球诸岛的倭寇活动进行考察，在《琉球诸岛中的倭寇史迹研究》（吉川弘文馆，1957年）中对此有详细的论述。

明嘉靖帝发给琉球国世子的敕谕收录在用汉文书写的琉球国外交文书《历代宝案》（第一集）中，其中有倭寇的记述。书中记有琉球的地方官火攻漂流到此地的倭寇船，杀死倭寇，救出被俘的中国人并送还回国。据载《世宗实录》嘉靖三十七年（1558年）正月乙亥（二十六日）条的记载，此时被倭寇俘虏的中国人有金坤等6名。

嘉靖三十七年四月一日，为封册前琉球国王中山王尚清的世子尚元为新国王，明朝派遣吏辽左给事郭汝霖赴琉球国（《世宗实录》嘉靖三十七年四月戊寅）。但是，实际上，郭汝霖到达琉球是在三年之后。为何有此拖延呢？郭汝霖在《石泉山房文集》卷七中是这样说的：

> 臣等于嘉靖三十七年四月初二日奉命封册琉球。然琉球居海岛中，得自福建行。因连年倭寇被害，臣等滞留，嘉靖四十年五月二十八日始可航行，闰五月三日达琉球境域。

可见，明朝的使节郭汝霖之所以从嘉靖三十七年至嘉靖四十年拖延近三年的时间不敢前往琉球，是因为担心倭寇的袭击。

"嘉靖大倭寇"的消亡

让人闻风丧胆的"嘉靖大倭寇"终于于16世纪末逐渐消失。

明朝对倭寇采取了一系列的讨伐措施，胡宗宪抓捕王直,戚继光侧重加强浙江沿海一带的防备,随后俞大猷也加强了福建的防卫。与此同时,于隆庆元年(1567年)放松了海禁。朝廷最终明白取缔贸易是不可行的。由此,朝廷认可了曾经作为走私贸易的中心地漳州海澄县重开贸易活动和中国人出海贸易活动。这一系列措施使倭寇的海盗活动趋于缓和。

在日本方面,随着丰臣秀吉统一步伐的推进,国内的治安得到缓解。丰臣于天正十五年(1587年)征服九州地区,第二年七月八日,发布了"整治贼船"的布告。布告内容如下:

> 秀吉,命诸国之地头、代官,在此郑重声明:禁止船主、渔民进行海贼活动,特此布告。

这一布告对制止日本方面的海盗行为产生了效果。

被倭寇俘虏的中国人

许孚远于万历二十年(1592年)十二月受命赴任福建

巡抚，他在《请计处倭酋疏》（载《皇朝经文编》卷四百《敬和堂集》）中有如下记述：

> 浙江福建广东三省人民被虏日本生长杂居六十六州之中。十有其三。住居年久。熟识倭情。多有归国立功之志。

这是来日本贸易的福建泉州府同安的海外贸易商人许豫带来的有关日本情报的一部分。

在 16 世纪后半期，有许多中国人被倭寇俘虏后被贩卖至日本。许孚远之所以派遣海商许豫探知日本事情是因为有一位被倭寇俘虏的中国人许仪后事先得知丰臣秀吉侵略朝鲜的计划后，让同样被倭寇俘虏的朱均旺秘密回国传递情报。

朱均旺是江西省抚州府临川县人，为经商在福建康宁府开店。但在万历五年三月，他开始在福建南部的海港海澄县贩卖违禁物。此后，他与用船载运铁、铜、陶瓷等货物到越南顺化进行贸易的海澄县陈宾松商人同行。但是，由于装载同样货物的福建船只很多，贩卖活动受阻，正在左右为难之际遭遇倭寇袭击，与其他的被俘的中国人一起被贩卖到日本的萨摩。由于朱均旺会读书写字，被卖到萨摩的福昌寺。福昌寺是在岛津氏得知佛兰西斯科·扎比尔[1]在萨摩登陆传教后为之建造的菩提寺。朱均旺在此福昌寺与许仪后相识。许仪后于隆庆五年（1571年）在广东被倭寇捕获被贩卖到萨摩，由于懂学问，成为岛津氏的御侧医师。他也是江西人，很喜欢朱均旺，并把他带到自家中。后来，他从岛津义久那里听到丰臣秀吉的侵略野心，就让朱均旺携带此情报到中国。恰好有福建漳州的贸易商船来日本，便让朱均旺乘坐此船回国。许仪后的情报通过朱均旺传送给明朝官吏。（松浦章《明代海商与秀吉"入寇大明"的情报》，载《末永先生米寿献呈论文集》，末永先生米寿纪念会，1958年）像许仪后、朱均旺等人那样，被倭寇俘虏的中国人有很多，有的人因为有学问被日本诸侯重用。

---

[1] 1506—1552年，西班牙出身的天主教传教士，是西方最初到日本的传教士。——译者注

明末的海寇

前文已谈到明朝的"海禁"政策逐渐出现松缓。暗地里到海外的船舶增加了起来。明朝于隆庆元年（1567年）不得不承认中国船舶可以去除了有倭寇的日本之外的其他地方航行。朝廷对允许渡航的商船颁发"引"。

隆庆初年（1567年）前后	可出航到东洋、西洋的船舶数	50艘
万历十七年（1589年）	可出航到东洋、西洋的船舶数	88艘
万历二十年前后	可出航到东洋、西洋的船舶数	100艘
万历二十五年	可出航到东洋、西洋、其他地方的船舶数	137艘
万历四十年	可从福建出航到东洋、西洋的船舶数	40艘
崇祯元年（1628年）	可出航到东洋、西洋的船舶数	43艘

资料来源：松浦章《17世纪初欧洲人看到的中国船南海交易》，载《东方学》第85辑，1994年。

上面是从隆庆初年到崇祯初年的60余年间,得到海外渡航许可书"引"的船舶数。没有得到"引"而秘密到海外的商船远比这一数目多。尽管海禁政策有所松缓,但未经官方许可的贸易仍被视为海贼而遭讨伐。

隆庆三年六月,遭诛灭的曾一本是福建诏安人,他纠集叛徒数万人攻掠福建、广东沿海,被官军捕获(《苍梧总督军门志》卷二一)。曾一本与黄朝太均为广东的巨寇,他带领倭贼抢劫广东沿海(《明史》卷三二二《日本传》)。隆庆二年,曾一本率百余艘船肆虐从福建南部到广东潮州一带的地区。曾一本又于隆庆三年五月率数百艘船袭击福建、广东沿海(万历《漳州府志》卷一二《兵乱》)。

隆庆六年,海贼首领郑大汉、许俊美叛乱,洗劫南岛一带。许俊美攻略广东省雷州半岛沿海。据说,郑大汉是身长8尺(约2.4米)的大汉。他们是被提督兵部右侍郎殷正茂平定的。(《苍梧总督军门志》卷二一)

嘉靖三十一年(1552年)以降,至万历元年(1573年)前后,倭寇和海贼在沿海各地猖狂抢劫。其中之一的海贼是林道乾。(《苍梧总督军门志》卷二一)在《神宗实录》万历三年五月癸巳(十四日)记载着海贼林道乾被两广侍郎殷正茂追赶一事。其后，林道乾之名屡次见于《神宗实录》，在万历八年闰四月壬子（十四日）条中有如下记载：

> 海贼林道乾者，窃据海岛中出没为患，将士不能穷追；而大泥、暹罗，为之窟穴。

林道乾的海盗活动范围远及暹罗湾。他的隐家之一的大泥位于马来半岛中部东岸，是海贼、海寇的根据地。在《明史》卷三二五《和兰传》中有以下记述：

> 海澄人李锦及奸商潘秀、郭震，久居于大泥，与和兰人习。

可见，福建海澄的走私贸易者们也居住在大泥。
另一位与林道乾并称海贼的人是林凤。

万历三年，总督兵部左侍郎兼都察院右佥都御史凌云翼攻击进入广东省入江的海寇林凤。（《苍梧总督军门志》卷二一）林凤手下有数千人，在海上徘徊，被官宪追捕而逃往吕宋岛。林凤之名也多次见于《神宗实录》中，被称为广贼、剧贼。

这位林凤就是出现于宫萨莱斯·门德萨《支那大王国志》中被称为"支那国海贼"立马横的人。这是由藤田丰八郎博士考证的。在《支那大王国志》（长南实译、矢泽利彦译注《支那大王国志》，岩波书店，1965年）中有如下记载：

> 支那国海贼立马横率大船队以作恶事为目的来袭菲律宾群岛。

该书对立马横的成长过程有如下记述：

> 此海贼出生于Kuitam（广东）省Trochou（潮州？）市的一个中等阶层的家庭。他的少年时代是在做坏事和放荡的环境中度过的。生性暴躁，品行不端，从不想学习任何职业技能。在路上呈抢劫之能事，屡屡得手。手下有许多混混，被捧为集团首领。其暴行日渐让省一带人深感恐怖。此事以为国王及内阁所知，国王下诏遣此海贼肆虐的所在省官员全力以赴集中边境防卫力量尽早逮捕立马横，并护送至Taibin（北京），如不可，将海贼首级送来。

根据此记述，对立马横即林凤的逮捕命令是神宗万历皇帝发出的。

万历四年（1576年）海贼马志善和李成向明朝投降。马志善和李成是林凤的手下，由于林凤逃至海外，于是向明朝投降。跟他们一起来的人有1712名，其中海贼有男女566名。官方释放了被海贼捕获的男女324名，并将船舶和器材收归官府。(《苍梧总督军门志》卷二一)

万历二十五年，海贼无齿老入寇福建漳浦县。(同治《重撰福建通志》卷二六七)无齿老之名可能是因为他没有牙齿而得到的绰号吧。

万历三十二年，海贼周四老起乱，因其手下两人被福建诏安知县逮捕斩首而逃走。(同治《重撰福建通志》卷二六七)

万历四十六年，海贼袁八老抢劫诏安县沿海村落，被明官宪招抚。(《重撰福建通志》卷二六七)

天启二年（1622年）前后，在福建、广东沿海一带抢劫的海寇中有林辛老。海寇林辛老等人常活动的地区在福建和广东之间，该集团有1万人之多，以东番之地为根据地。在《熹宗实录》天启二年三月丙午条里有如下的记载：

……占候风汛，扬帆入犯，沿海数千里无不受害。

林辛老的海盗活动范围很广，涉及华南沿海地区。

谋求制海权的毛文龙

正像俗称有"北虏南倭"的说法那样，明王朝一直受北方游牧民族的攻击和南方倭寇袭击之害。进入17世纪后，王朝就出现了末期症状。此时，在东北地方，有一股势力正在崛起，1616年建立后金，即后来的清王朝。严重威胁明王朝政权的是努尔哈赤率领的满洲民族。在这一时期，以辽东半岛近海的岛屿部为根据地，能够与满洲民族相抗衡，并受到明朝和朝鲜李朝支援，谋求海上霸权的人是毛文龙。

毛文龙是山西平阳人。早年丧父，由外祖父抚养。长年服侍辽东总兵李成梁的毛文龙联合朝鲜抵抗清朝，因敌不过清朝的攻势逃往朝鲜。他联合从辽东逃亡的中国人在皮岛等岛屿建立根据地，继续抵抗清朝。但是，毛文龙一方面接受明朝和朝鲜李朝的物资供应，另一方面也与清朝有来往。天启元年（1621年）以后他的势力就具有了独立的海上国家的特征。明朝和李朝都拿毛文龙毫无办法，在崇祯二年（1629年），山海关军门袁崇焕在位于辽东半岛先端附近，即今日的旅顺附近的双岛杀死毛文龙。

毛文龙虽然没有被称为海贼，但他以海上为根据地使政府难以管束，在这个意义上，他也属于海贼的范畴。

第四章　台湾的海贼（明末清初）

荷兰人的出现

在欧洲，到了 17 世纪后半叶，英国和荷兰逐渐取代曾经引领大航海时代的西班牙和葡萄牙。英荷两国积极地向海外扩张，与此同时，设立东印度公司以垄断与东方的贸易。两国的东印度公司在爪哇岛附近展开激烈的争夺，但到了 1620 年代，英国将目标转向印度。这样，荷兰人得以接触中国的贸易商人。

从 17 世纪末向东方扩张的荷兰于 1602 年成立了联合东印度公司，由该公司一手包揽与东方的贸易，其触角伸到了中国的东海。有关荷兰东印度公司的研究有很多，这里本文主要根据中国方面的史料阐述荷兰人和中国人通过海路进行接触的情况。

《明史》卷三二五《外国传六》、《和兰传》中有如下记述：

> 万历（1573—1619年）中，福建商人岁给引往贩大泥、吕宋及咬留吧者，和兰人就诸国转贩，未敢窥中国也。

> 海澄人李锦及奸商潘秀、郭震，久居大泥，与和兰人习。语及中国事。锦曰："若欲通贡市，无若漳州者。漳南有彭湖屿，去海远，诚厎而守之，贡市不难成也。"其酋嘛韦郎曰："守臣不许，奈何？"曰："税使高寀嗜金银甚，若厚贿之，彼特疏上闻，天子必报可，守臣敢抗旨哉。"酋曰："善。"

这是有关中国海上与荷兰人的首次接触的记录。万历三十二年（1604年）潘秀向荷兰人麻郎引荐荷兰人和英国人，麻郎兴高采烈地赠送银3万两，谋求在台湾西部的岛屿澎湖岛进行交易，但遭到福建巡抚徐学聚的拒绝［《神宗实录》万历三十五年（1607年）十一月戊午（二十九日）（1608年1月16日）条]。这次交涉虽以失败告终，但此后的荷兰已经把目标瞄准了澎湖岛、台湾作为向中国扩张的根据地。

明末，随着林道乾、林凤等海贼盯上了台湾，台湾也开始出现在中国的史书上。当时，到达台湾附近岛屿的葡萄牙人称之为"美丽岛"（Ilha Formosa），因此，在欧洲方面的记录中，常常将台湾称作"弗尔摩萨"。

天启三年（1623年），荷兰占领澎湖列岛，但在第二年就从澎湖列岛撤出，转而占领台湾南部被称为"Taiowan"的小岛。荷兰人以这个小岛作为统治台湾的据点，兴建塞勒迪亚城，在对岸的本岛兴建普洛宾西亚城。

为对抗成功统治台湾南部的荷兰人，西班牙也占领了台湾北部，但在1624年，被荷兰赶走。

当台湾的西部沿岸全部落入荷兰的统治之后，在对岸的福建，与荷兰人为对象的走私贸易便活跃起来。而且，以荷兰贸易船为猎物的海贼也频繁出现了。这样，以台湾为舞台的海盗活动日益猖獗起来。

荷兰人与中国海上贸易商人

天启四年（1624年），荷兰人占据台湾（Taiowan）时，协助荷兰担任福建官吏中介的是海寇李旦。（同治《重撰福建通志》卷二六七）李旦是泉州出身的海商，他去吕宋岛，成为马尼拉华侨的头领。西班牙人盯住了他的财富，将他投入牢狱，但他成功逃狱，并将根据地转移至日本的平户。详细情况见岩生成一氏的研究。在日期为天启五年五月九日有关兵部澎湖的题本中也有如下记载（《明清史料》乙编第7本，605丁里，《熹宗实录》天启五年四月戊寅条）：

> 泉州人李旦久在倭用事，旦所亲许心素今在系，诚质心素子，使心素往谕旦立功赎罪，旦为我用，夷势孤可图也。

李旦得到德川幕府的朱印状，不仅频繁在台湾、越南、吕宋进行贸易，还在荷兰、英国的商人和当地人之间做中介，其势力很大。1625年，李旦在平户去世，他的势力由郑芝龙继承。

天启五年，海寇颜思齐等人占据台湾。（同治《重撰福建通志》卷二六七）颜思齐系福建海澄人，出身于有势力的家庭。但因殴打家仆赔命，畏罪逃往日本。在日本通过做贸易等获得财富，在此期间结识与日本做贸易的福建晋江出身的杨天生、莆田出身的洪升、南安出身的张宏、同安出身的林福、南靖出身的李俊臣和海澄出身的陈衷纪等人。颜思齐知道日本的海防体制薄弱，策划叛乱，但因计划被泄露，通过海路逃往台湾。这样，他以台湾为根据地攻掠福建、浙江沿海。

另外，大概与此同时，也出现了一个叫做林七老的海贼。他与荷兰相联合，自称王，在海上进行海盗活动，抢劫商船。（《熹宗实录》天启六年四月辛巳）

《巴达维亚城日志》中记载的海贼

在东洋的荷兰东印度公司的本部设立后历代总督的赴任地是在巴达维亚，相当于今天的印度尼西亚的雅加达。《巴达维亚城日志》是记录巴达维亚城自 1626 至 1808 年之间的日志。本文将从中摘出 16 世纪前半叶与南海海贼有关

的记述。(《巴达维亚城日志》,村上直次郎译注,中村孝志校注,平凡社东洋文库,1970、1972、1975年)

我等中国海贼已成海上之主,我闻我国人对此无不退却。贼一官(郑芝龙)有平底帆船一千艘,屡袭陆上,将陆上二十米地的居民赶走,占领厦门及Haitong(海澄?),并用火烧毁,因杀人,人皆惧彼。(1628年6月1日条)

在中国沿岸,新出现一位海贼,称杨格劳(Jan Claew),据了解,六七十艘船中大部分拥有小舢船。他们将海贼拉波泽宏驱逐至南方,不断增加其兵力。前述海贼杨格劳袭击厦门郊外,火烧房屋杀人,抢夺妇女,夺走该港中最好的舢船。(1632年5月3日条)

海贼杨格劳率大小舢船百艘,停靠锦川河,海贼进行闻所未闻的破坏。(1632年11月24日条)

一官(郑芝龙)与海贼杨格劳在福州河附近开战,

杀死杨格劳的部下两千余人,将彼赶治南方。(1633年2月7日条)

被我等战败后,退至南方的海贼杨格劳停靠布朗克及罗夫斯湾附近,在该地捕获大的舢船三十艘,并用奇计攻取简克斯威城,获取不少战利品。此外,还与一官(郑芝龙)的部将安玻伊(Anboij)两次交火,皆获胜。安玻伊败走,再次将战船组编大舰队。(1634年4月4日条)

海贼杨格劳又率前交涉中的全部兵力至澎湖列岛,通过书翰及特使屡次提出用其兵力反对中国。虽然他到达该地区,会使我们正在启动的交涉和事情的进展造成不少麻烦,但总督及参事会命令长官普特曼斯还是对他表示友情和好意,将其一部分兵力招募至澎湖列岛和台湾的港口并提供方便。如果现在正在开始谈判全部落空,达不到完全的自由贸易的目的,我们也可以用已经交付以及今后还要交付的资金,依靠海贼充分获得中国的砂糖、布匹、生丝和其他货物。如果没有办法与中

国进行通商贸易，也应利用他的兵力和好意，对中国开战，借助上帝的帮助，体面地了结此事。（1634年5月14日条）

被收养而成海贼杨格劳兄弟的人、乘坐上述斯普船奥德瓦特尔号驶向中国沿岸，此人曾在上次北季节风期间乘坐从台湾漂流来的亚哈特船不来丹梅号到过当地。

在前述特雅号出发之际，已通知总督向长官普特曼斯下达的命令的要点。（1634年5月25日条）

从台湾出发到达巴达维亚的斯普船飙莲号详细通报海贼杨格劳攻击赛兰加城的状况。在荷兰方面，买进被海贼抢夺的驶向巴达维亚的舢船德·弗里亨德·玻德号的货物，并与之交涉，立刻要求杨格劳的兵力从澎湖列岛撤出，杨格劳不理会，才与之开战。

翌日早晨，城壁（赛兰加城）脚下发现一名负伤的中国人说，据长官所闻，前述中国人约六百人，已成为海贼杨格劳手下的勇士，因翻译六哥（？）提议还可以得到比此更多的财宝，便率全部舰队来到台湾。一举攻下该城。这一消息的真实性于四月十日得到证实。约五十艘船中，大战船七八艘来到北部的岩角一带停靠，打鼓仔与到来的船只相互交换信号之后，向打鼓仔及尧港方向驶来。在此地停靠四天后驶向南方及中国海岸。

台湾长官于夜间袭击上述海贼杨格劳停靠在渔翁岛下面的荷兰人三十人乘坐的舢船德·布拉迪·博托斯哈普号并俘虏全部船员。每只舢船配备两名，在与中国人进行陆地作战时，使用枪手罗尔斯，这样达到中国人愈发憎恨我等之目的。

长官已相信公司已如所愿，能完全得到锦川精美的货物及杂货供应。但是，砂糖不可得到太多，一部分应从广东获取，但现在由于海贼杨格劳的势力过于强盛不能实现。（1634年11月9日条）

根据在中国流传的风声，海贼杨格劳于七月末或八月初在佩德拉·布兰卡附近海面，攻击从澳门驶向日本装有大量货物的葡萄牙五艘商船，捕获其中的1艘，其

他四艘一直追赶到澳门。上述船只已不能离港，使日本的航海中断。(1643年12月4日条)

福州的军门像以前对一官那样，以给予优待和报答承诺作诱饵，引诱海贼阿彭斯（Apangsij，以前是海贼杨格劳的副将，一位叫作奥格拉斯基的养子，在福州及厦门附近分成两队长时间在进行抢劫活动）来福州。在福州海贼阿彭斯的二十艘舢船，遭遇军门，下令袭击，其部下全部被斩首。副将也冲着上述同样的承诺，率十四艘舢船驶入厦门。由于副官再次受到官方相同的处分，这一带海岸的海贼全部一扫而光。在此之前一直害怕海贼不敢出来的几艘小舢船可来台湾。这个航线海贼危险消除，进口增长迅速，现在的形势是与其说他们为我们提供了许多可以获利的货物，还不如说让我们手头资金感到严重不足了。台湾的仓库已经大量储藏砂糖即其他商品，货物之多已经到达普洛伊托船拉洛普及斯万号的船腹不能将此运到当地的程度。(1637年2月10日条)

击沉海贼金万的舢船，另击溃四艘，并将他和副将及其他数人于四月在彼地处死，但其残余力量乘我方船舶赴马尼拉期间，在福司令官特瓦肯（Twacan）的率领下在澎湖岛进行抢劫。据传言，此次出来袭击的舢船增加到八艘至十艘，严重妨碍了中国人及我德来那（Dorenap）（他们在该地匿名）住民的贸易活动。（1644年12月2日条〔台湾报告抄〕）

从台湾到淡水及基隆的地方，经过牧师凡·布莱因的努力下，以安全无恙。搜索隐匿场所、河流等，其间抓获恶汉四人。其中一人叫特瓦肯，是去年被歼灭的海贼的第二号人物，利用住民出席南部地方会议的机会当众将他处死。其他三人被赶出福莫萨。（1645年12月1日条）

从上面的《巴达维亚城日志》有关海贼的记述，最让荷兰东印度公司头痛的是海贼杨格劳。中村孝志在校注中认为这位杨格劳是"1630年代前半期出没于华南沿海一带的海贼"，并推定他可能是杨禄或杨六。这位杨格劳以澎湖列岛等地为据点，抢劫海域在福建和台湾之间的台湾海峡，主要袭击荷兰或葡萄牙的商船。

中村孝志援引了《崇祯长编》卷四一，崇祯三年（1630年）十二月己巳（一日）条的记载证明杨格劳就是杨六：

> 自红彝据彭湖，而商贩不行。米日益贵。无赖之徒始有下海，从彝者如杨六、杨七、郑芝龙、李魁奇、钟六诸贼皆是此贼起之。

在中国官方看来，这些人就是利用荷兰频繁在台湾的活动扩张其势力的海贼代表。

在明王朝做官的海贼郑芝龙

在上一节里，大家可能已经注意到了郑芝龙（一官）是讨伐杨格劳的将领，又是海贼。这位郑芝龙就是李旦、颜思齐的后继者，也是后来统治台湾的郑氏家族的奠基人。

郑芝龙是福建南安石井人。曾与其弟郑芝虎、郑芝豹一起去过母亲的舅舅黄程开商行的地方香山澳。年轻时，据说他是个小有名气的才子。郑芝龙跟黄程做贸易去过日本。江户时代中期藤原家孝写的《落栗物语》前编中有关郑芝龙东渡日本的情况有如下记述：

> 国姓爷（郑成功）父唐之郑芝龙，字飞黄，幼名一官之人也。明之末熹宗帝治世，居住南安县，因家贫，身落为度日，乘商船来我国，居平户乡下艰难度日。娶妻不久后得一男孩。

他和日本女子之间生的一个男孩就是郑森，即后来的郑成功。后跟随在平户交结的颜思齐，与郑芝龙兄弟一起去台湾。颜思齐死后，郑芝龙被推为其党之首领。也许人们看中的是他的勇敢、强壮的体格和高强的武艺。他在这期间的活动，《落洼物语》有如下记载：

> （郑）芝龙无家可归，遂加入颜思齐之党徒。并拉弟郑芝虎、（郑芝）豹、（郑）鸿逵入伙，来到位于南海中的名为台湾的大岛，不久，思齐过世，附随的军兵见芝龙胆大勇猛，人皆随之。

可见，郑芝龙兄弟从事海盗活动。另外，该书还有如下记载：

> 芝龙自幼在船上为人做向导，善于带兵，用割符收取来往于南海之商人船之税。每年得千万两，其富无人可比。

他控制了制海权，对海上航行发放通行证，过往商船必须用金购买，以换取商船在海上航行的安全保证。如将走私贸易或抢劫的收入合在一起，其数额惊人。

> 连舟浮海，自龙井登岸，袭漳浦镇，杀守将。进泊金门、厦门，竖旗招兵，饥民及游手悉往投之，旬日间，众至数千。（同治《重撰福建通志》卷二六七）

此后，郑芝龙还屡次抢劫福建沿海等地。

崇祯元年（1628年）郑芝龙袭击厦门，并击败同安知县、海澄知县的联合军。但是，是年九月，郑芝龙就投诚明王朝，并被授予防海游击之位。之后，郑芝龙反过来为

平定海贼尽力。(同治《重撰福建通志》卷二六七)

郑芝龙讨伐的海贼刘香

郑芝龙投诚明朝后,刘香就成了大海贼。刘香是海澄人,他纠集沿海无赖,在福建、广东沿海一带进行抢劫。(同治《重撰福建通志》卷二六七)

崇祯五年四月,刘香连续袭击了南安、同安、海澄及连江县。郑芝龙率领的官军在此击败刘香。

崇祯五年(1632年)九月丁酉,刘香袭击了闽安镇,给当地造成很大危害。对此,《崇祯长编》有如下记载:

> 福建海寇刘香老贼众数千人船一百七十艘,乘风驾潮,直犯闽安镇。焚劫抢杀,比舍一空,镇民外散,省会震动。(崇祯五年九月丁酉条)

接着,刘香老即刘香又于十一月沿海北上:

> 闽寇刘香老率百艘万众乘风突犯宁波,沿海一带残

毁，甚惨。且直入内地，攻犯昌国、石浦二城。（崇祯五年十一月戊申条）

刘香除袭掠福建之外，还袭击浙江沿海一带。浙江巡抚罗汝元曾有如下报告：

浙省宁、台、温三府皆海寇出没之区，而近日刘香老突犯台之健跳，复攻温之黄华、盘石，直逼府城。（崇祯五年十一月甲寅条）

可见，当时浙江省东北部沿海地域是海寇的根据地。崇祯六年秋，刘香袭击诏安县，崇祯七年袭击长乐县。崇祯八年，在广东讨伐并彻底歼灭刘香的是升任为参将的郑芝龙。剿灭海贼的郑芝龙在福建建立了牢固的地位。

郑成功的反清复明活动

1644年，李自成率领农民攻克北京，明王朝就灭亡了。建立清王朝并对明王朝产生威胁的满洲民族，乘此机会驱逐叛军闯入中国。此后,从海上保护依据中国南部的明王朝残余力量的是郑芝龙的儿子郑成功。郑成功是郑芝龙在平户娶日本女子生下的儿子。

明朝灭亡之后,曾经担任明朝安平镇将的郑芝龙在福建拥立明皇室唐王,以抵抗清朝。郑成功亦从唐王那里得到与明皇室相同的"朱"姓,誓死效忠明朝。但是,清顺治三年(1646年),郑芝龙向清朝投诚。此时,郑成功没有跟随父亲降清,福州陷落后,逃往海上(同治《重撰福建

图8 郑成功

通志》卷二六八）。此后，继承其父强大海上势力的郑成功在清朝史书中就被称为海寇。

顺治四年二月和八月，海寇郑成功分别进犯海澄县和泉州府。（同治《重撰福建通志》卷二六八）顺治五年二月，郑成功攻击同安县，甚至还攻击泉州，但未攻下，就围困南安县。顺治六年十一月，郑成功攻陷云霄镇。守将张国柱因此战死。顺治七年八月，郑成功攻占福建良港厦门。

（郑）成功取厦门为家。（同治《重撰福建通志》卷二六八）

郑成功在转移到台湾之前，这里曾是他的根据地。

漳州是包括走私贸易在内的贸易中心地。厦门市漳州的门户，明代开始在此设中左所以加强海防。顺治七年被郑成功占据，改称"思明州"，作为反清复明的据点。其后，郑成功转移至台湾，又恢复称厦门。在日本，从欧洲人的称呼 Amoy 中，很早就得知厦门被称为"阿莫伊"。现在，随着中国的经济对外开放政策的推进，它成了福建经济特区的一大中心。

图 9　帆柱林立的厦门港（1981 年摄）

占据厦门后，郑成功多次进攻厦门周边的地区。他的目的是拥立在广东继续抗清的永明王以实现反清复明。为此，他在此地区建立反攻据点。另外，郑成功也频繁与日本、琉球、台湾岛、吕宋、越南、暹罗等进行贸易，利用海上贸易作为经济基础。那时，郑成功的"国姓爷船"（因明朝授予郑成功国姓，人们称他为"国姓爷"）每年都要驶入长崎港。顺治十一年对郑成功束手无策的清朝命令郑芝龙诏谕郑成功归顺。但郑成功没有听父命。

1656 年（顺治十三年）起到 1662 年（康熙元年）塞勒迪亚城开城为止，任荷兰东印度公司台湾长官的佛莱蒂里克于1765年写的《幽静的弗尔摩萨》（生田滋译注《荷兰东印度公司与东南亚》，岩波书店，1988年）一书中，对郑成功有如下评价：

> 他（郑成功）具有不亚于其父（郑芝龙）的勇敢，继承父亲的禀性，沿着父亲走过的路，对塔尔塔尔人（满族人）一直怀有不可抑制的憎恶。他成了分散到各地中国人的头领，组成大部队，率领他们在海上和陆上给敌人以沉重打击。而且，他还不断努力敢于对比自己强大得多的敌人发起攻击，成功袭击好多个城市和乡村。塔尔塔尔人已经征服了绝大部分的中国，但由于郑成功多次取得大战果，对他们而言，要消灭这个"国姓爷"就必须拿出比在此之前征服成千上万的人还要多的力气。

清朝鉴于郑成功的反抗十分顽强，清朝于是决定派出大军包围厦门。而拥有海军的郑成功于顺治十五年沿海北上进入长江，从镇江对南京发起攻击，但在绝对强大的清军面前败北，返回厦门。

顺治十八年（1661年）发现郑成功的海上势力与沿海

地区的居民相联合的清朝，向北自山东省南至广东省广大地区的沿海居民发出强制往内陆30里移居的迁界令。由于大陆沿岸的居民往内陆移居，使沿海地区处于无人状态，以此切断郑氏势力与陆地居民的贸易往来。这无疑是原先海禁政策的复活。

这个迁移令给郑成功的大陆沿岸根据地以沉重打击，而且也切断了郑氏势力的粮食和人员补给来源。因此，郑成功率领2万以上的明朝残兵败将将目标转向台湾。

顺治十八年四月，郑成功率领部下攻下台湾的赤嵌城，将这里作为新的根据地。（《重撰福建通志》卷二六八）赤嵌城是荷兰作为占领台湾的一个根据地，称普洛宾西亚城。同年八月，郑成功又进攻荷兰在台湾的最大根据地台湾，但未取胜。

另一方面，投降清朝的郑芝龙因劝降郑成功失败而问罪，并于是年被处死。

第二年即康熙元年（1662年）二月，荷兰决定从台湾撤出，将普洛宾西亚城交出来后撤离台湾。郑成功由此获得新的根据地台湾，将普洛宾西亚城改称承天府作为台湾的统治中心。同年五月，郑成功在台湾去世，长子郑经

(郑锦舍)接父位。郑经在清朝的记录中也被称为海寇。

郑经袭击琉球的朝贡船

《华夷变态》卷二记录着康熙十二年（1673年）三月从琉球驶往福建省福州的琉球朝贡船遭受海贼袭击的事件。是年三月三日，由大小两艘构成的朝贡船从琉球出发开往福州。十七日，从官塘山岛驶往闽江河口的无虎门的大船遭到从浙江省定海过来的13艘贼船的袭击。

> 贼船大小十三艘漕出，打钲太鼓，扬闳之声，射悬石火矢弓铁炮，掷帆烧，投入砾石，琉球船亦以石火矢弓铁炮防卫，后右之船共围琉船，自四方漕寄，以镰长刀突挂，琉球人以镰长刀防卫，心悬凑口，乘船处，顺风，近五虎门，贼船引退，琉球船之垣回，被打散，但船无恙。同日申之刻入津闽安镇，琉船中士一人水手四人讨死。手负上下二十四人，因皆浅手故不死。（《华夷变态》上册，东方书店复刻版，1981年）

图 10　郑成功军船模型

如上所述，在闽江河口附近海面遭受海贼袭击的琉球船死者 5 名，负伤 24 名。这一记事是通过福州的中国翻译琉球通事谢心振翻译，由琉球使节记载的。虽然有关琉球船与海贼船战斗的记述较短，却是可信的。这也符合海贼袭击商船的一般情况。

该书还对袭击琉球船一事有如下记述：

图 11　在神州复原的琉球馆（1994 年摄）

右海贼为锦舍家老萧启者之手之者。

这就是以台湾为据点的郑锦舍即郑经手下的萧启的船只。

取先年戌之年之琉球贡纳船之海贼亦为右萧启者之手之者。

这一记述说明琉球船在康熙九年（庚戌，1670年）和这次两度遭到萧启船只的袭击。萧启等人瞄准的是琉球船上的货物。可见，萧启等人想要得到的是琉球船上的货物。康熙九年的朝贡船2艘装载着"硫黄一万二千六百斤、马十匹、海螺壳三千个"等货物。（《历代宝案校定本第二册》，冲绳县立图书馆史料编集室，1992年）可以看出，台湾郑氏家族当时急切得到作为火药原料的硫黄。

郑氏家族对台湾的统治

康熙元年郑经继承郑成功父业后，以台湾为根据地继续抵抗清朝。他从福建招募移民到台湾继续进行开拓，进行前文所述的海上活动，寻找反攻大陆的机会。当大陆发生"三藩之乱"（明朝降将以云南、广东、福建为根据地而发动的叛乱）后，郑经马上与吴三桂等叛军取得联系，于康熙十七年、十八年命令属下刘国轩进攻福建省的海澄县、泉州、同安、南安、惠安等地。但"三藩之乱"最后被镇压，再度被逐到台湾的郑经也于康熙二十年（1681年）去世。

继承郑经家业的是郑经之子郑克爽。但由于年幼的郑克爽不能领导反清力量,在家族中引发分裂。另外,清朝的迁海令也起作用,随着长时间反攻大陆的失败,造成很大的补给困难。他终于于康熙二十二年七月向清朝投降。在清朝的记录里有如下记载:

> 郑克爽上表乞降,台湾悉平。(同治《重撰福建通志》卷二六八)

郑克爽也被记载为海盗。同年八月,清朝靖海将军施琅进入台湾,设置一府三县,将台湾收归清朝的统治。

第五章　南海海贼（清）

海关设置与广东的海贼

台湾的郑氏家族平定后，清朝于康熙二十三年（1684年）放松了海禁，并颁布展海令，允许商船出海进行贸易。其中的重要一环是在沿海地区的江苏、浙江、福建、广东四省设置海关。自唐代人命市舶使以来，宋、元、明的各王朝都设置市舶使来处理外国使节船、外国商船及中国商船事务。但是，清朝的做法是设置新的海关来处理外国商船和中国商船的出入境事务。海关本署的设置地点，江苏为上海，浙江为宁波，福建为福州的台南和厦门，广东为广州。各署之下设置20至30余个港，对检查出入境船只进行检查和课税。其中最引人注目的是处理来自欧洲各国的东印度公司的贸易商船的粤海关即广东海关。

随着广东作为贸易据点名声在外,以这一地区为活动场所的海贼也频繁出现了。

在《圣祖实录》卷一四八康熙二十九年九月戊申条中,出现了海贼云龙的名字。在以广东广西总督石琳的报告为蓝本的兵部评议中,有海贼云龙自称将军,纠集奸徒,在安南国(越南)的新安狱山诸岛袭击洋船的记载。但是,作为位于广东省廉州府钦州、现在的广西壮族自治区的钦州南部的龙门的副将叶升捉拿了云龙等人。由于他们懂操船技术,被免罪,作为水手送往黑龙江,编入黑龙江流域的水军。

清代的海船

在康熙四十二年九月十五日,康熙帝的敕谕中有这样的内容:

> 山东海域有海贼,乘鸟船二艘掠夺。每年,福建之商船于六月间至天津,待十月北风至启程返航。故悉知

> 海路，乘商船持各地航路图调查。为探明海贼据点，去福建、浙江及长江河口的崇明等地调查。(《圣祖仁皇帝御制文集》卷五，敕谕)

在康熙四十二年九月二十四日的敕谕中有出现在山东的海贼从福建、浙江、崇明等地乘鸟船过来的文字（同上书）。而且，在同年十月二日的敕谕里也出现陕北东水师营官兵捕获的海盗已经判明不是真正的海盗（即长时间从事海盗活动的人），而是丧失生计的贸易商船所为（同上书）。

在康熙时代的记录中，海贼乘鸟船的说法屡屡出现。鸟船是清代的四大帆船之一。所谓四大帆船是指沙船、鸟船、福船、广船四种船。这些船的简图见于《武备志》、《两浙海防类考续编》等书。

在这些船中，福船、广船可能是指在福建、广东建造的海船。沙船是指在上海附近、黄海、渤海等水深较浅的海域或内陆河流航行的平底帆船。(周世德《中国沙船考略》，载《科学史集刊》第五期，1963年；上野康贵《清代江苏的沙船》，载《铃木俊教授花甲纪念东洋史论丛》，陵

图 12 沙船

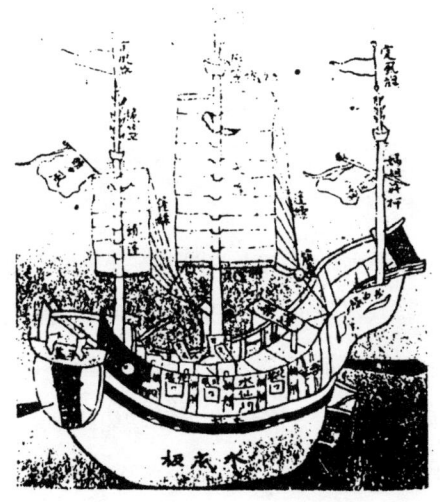

图 13 福船

墓俊教授还历纪念会，1964年)

鸟船是福建沿海的人们开发出来的用于货物运输的海船。它在海上航行的样子犹如浮在海面上的鸟而得名。明末以后，常出现在史书记录中，整个清代都能找到它的身影。鸟船是一种适合于深水海域航行的帆船，船底有龙骨，其横截面呈“V”字形。于江户时代后期来到日本长崎的鸟船可乘坐百余人，还可装运相当可观的货物。一艘从长崎返回的鸟船，光铜就能装运10万斤（约60吨)。(松浦章《日清贸易中来长崎的贸易商船——以清代鸟船为中心(上)》，载《史泉》第47号，1973年；松浦章《清代鸟船和“长崎版画”》，载《关系大学考古学资料室纪要》第2号，1985年)

鸟船在当时用于广泛的海域。从长江河口到北方的海域，由于北洋水深较浅，可能不利于鸟船航行，但山东的胶州、天津、东北锦州的天桥厂等海域经常有它的身影出现。(松浦章《清代沿岸贸易——帆船和商品流通》，载小野合子编《明清时代的政治与社会》，京都大学人文科学研究所，1983年）由于鸟船在海上活动的功能性强，大大扩大了以福建地区为根据地的海贼的活动半径。

福建海贼的肆虐

康熙四十三年（1704年）十月，海贼徐容等人被捕，福建省漳浦知县陈汝咸以归顺为条件释放他们。由此，海贼得以平定。（同治《重撰福建通志》卷二六八）徐容本名为林老大，福建省漳州平和县小溪人，在广东省海丰县的碣石卫纠集一帮亡命之徒在广东、福建沿海一带进行猖狂的海盗活动。

据康熙四十八年五月庚寅，江南提督张云翼的报告，在长江及沿海岸常年进行海盗活动被称为"江海积盗"的赵五等人，纠集一帮恶棍，在江南、浙江沿海以及长江南北岸一带进行疯狂抢劫。他们操船十分灵巧，因很难在海上实行抓捕，只好等他们上岸之后才抓捕，捕获赵五等15名海贼、5艘海贼船和大量的武器。（《圣祖实录》卷二三八）

又据康熙五十年三月丙申，江南江西总督葛礼的报告，海盗余国梁被逮捕。余国梁是海贼郑尽心的同伙，其在广东的同伙83名也被捉拿。另外，福建浙江总督范时崇，抓获海贼郑尽心并护送至北京。（《圣祖实录》卷二四五）海贼郑尽心是在福建省被捉拿的，但他常在海上抢劫，一路北上，活动范围扩展至辽宁的锦州。（张伯行《正谊堂文集》卷一《海洋被劫三案题请敕部审拟疏》）

康熙帝于康熙五十一年十月丁巳向大学士等人下达上谕：今年浙江等海贼在海上袭击商船，杀伤官军，径直往盛京即辽宁沿海。时值刮北风，彼等火攻船舶，可能归乡里，应不失时机追捕海贼。（《圣祖实录》卷二五一）

康熙五十二年二月甲寅，康熙帝找来降伏清朝的海贼陈尚义了解情况。陈尚义说：他们在海上遇到西洋船舶，一般都不敢靠近，因为这些船中配有大炮。如果遇到开往日本的船舶，就向其靠近，抢夺船上装运的银和大米，但并不洗劫一空。因此，开往日本的贸易船只才不会彻底断绝。（《圣祖实录》卷二五三）当时，商船把货物的一部分交给海贼，以获取通行安全的保证。从这位海贼陈尚义的说法中，我们得知海贼与商船之间存在相互依赖的关系。

出现在孙文成奏折中的海贼

孙文成是满洲正黄旗人，康熙四十五年（1706年）担任杭州织造监督,直到雍正六年(1728年)。清朝除了在杭州之外,还在南京和江苏分别设置了江宁织造和苏州织造。据说,它们不但生产宫廷御用的优质丝绸,还担任着监督反清势力比较严重的江南地区的功能。与孙文成同一时期就任江宁织造监督的人是《红楼梦》作者曹雪芹的祖父曹寅,这位曹寅的妻兄李煦当时担任苏州织造监督。

这位孙文成在担任此职务期间写给康熙帝的奏折中常有海贼肆虐的内容。奏折全部用满文书写,现在我们来看一下台北故宫博物院的庄吉发的汉译本《孙文成奏折》(台北文史哲出版社,1978年)有关海贼的记述。

> 康熙四十七年(1708)闰三月,在从舟山列岛普陀山开往福建的船中乘坐着福建提督蓝理的家人田富等人。同月十七日,浙江省温州南麂山后,遭遇3艘海贼船,80名船员中73名被捕,其中7名乘坐小型船只逃走。(第7页)

> 同年五月四日、五日两天内,黄岩总兵在大陈山地区发现贼船,拿捕贼船1艘,逮捕何得胜、蔡元亮等

75名海贼。

同年初六,温州镇总兵逮捕海贼林子昂等3人。

商人陈木盛欲雇佣宁波人张光备等人与日本进行交易。但闰三月十五日,在温州海面遭遇海贼,所有货物被抢夺,而且,水手等14人也被带走。留下的商人在空船上漂流至温州府一带。张光备下船登陆得以归宅。

同月二十六日,定海镇总兵捕获贼船,蔡英吉等4名、百姓13名。

五月四日,打算去日本的商人苏世观的船离开宁波港航行的第二天即遭贼船,船上货物全部被抢劫一空。(第9页)

四月二十七日,福建省同安县商人林尚荣在航海中遭遇海贼袭击,水手林勇挑入海中生还。

同年七月,伪装成商船进入乍浦港的海贼船有四五人下船,在商店买人参和绸缎。驻守乍浦的官宪来调查,发现没有海关许可书,他们无言以对。他们正想把70斤人参和60匹绸缎卖掉,此外还有别的一些物品。通过盘问物品的来路时发现,这些

物品就是于七月十九日从定海县出发400里的海面上抢劫从日本返航的宁波商人鲍则陈等人4艘贸易船上的货物。(第13页)

康熙四十八年二月二十七日，宁波府灵巧门外在住的监生洪应魁清明节去扫墓的晚上，海贼手持腰刀、斧头破门而入捆绑家人，夺走银、衣服，扬长而去。

一艘装运商品的商船想开往宁波将货物卖掉的3名江南商人三月二日到达定海关，被3艘渔船追击，急忙逃走，在角门被捕获，船上的货物被夺走。(第21页)

同年四月二十八日，装运白砂糖自福建开往浙江的福建商人郑泰在外洋被5艘贼船追击。但因顺风，船速比贼船快，顺利驶入台州府老鼠山口。贼船也一直追到港口，被巡视船包围，打死海贼30名，生擒14名。(第24页)

宁波府人戴君裘乘帆漕船与商人袁姓等13人一起为购入各种杂货，开往乍浦。康熙四十八年七月一日从定海起航，二日到达七姐妹山时，有渔船追赶过来。一看，船上有9名持各种腰刀、棍棒的福建地区的海贼。他们爬上戴君衮的船，打伤3名商人，夺走银等物，返回宁波的商人将此事投诉县衙门。（第26页）

康熙四十九年正月，宁台道的胡承祖、宁波知府蒋学和象山知县等人搜索朱梅生家，逮捕海贼王君宇、福建人林玉和朱梅生3人以及王君玉属下的浙江人丁联等11人，合计14人。他们一伙26人在海上被总督葛礼兵船追赶，逃到宁波府城内躲藏。剩下的12人在审问下4人坦白自己的名字，并得知5名为福建人，3名为浙江人。此外，通过审问，得知他们的武器、火药是从清朝军队的绿旗兵得到的。这些在宁波城内逮捕的海贼被送往杭州，囚禁在杭州府的牢狱中。（第34页）

康熙五十年十一月二十四日，黄岩游击的郭果发现了海贼船。二十五日巳之刻，确认贼船5艘。其中2艘袭击一艘兵船，兵船被烧毁，并杀死把总许文韶和士兵22名。另一艘兵船也受到海贼船的攻击，兵船用火攻

加以还击，有2名士兵被捕，把总杨载文和其他士兵乘小艇逃走。(第50页)

康熙五十一年五月十八日，温州总兵属下的把总万一安的兵船遭遇7艘海贼船，反被贼船袭击，24名士兵被杀害，船上的玛瑙、鸟枪、兵械等均被海贼抢走。温州总兵属下的兵船在查看温州海口的船只是否为贼船时，反被贼船袭击，船上的武器及兵船被海贼夺走。(第53页)

图14 清朝的军船

海贼张相凤等180余名乘坐趁赠船3艘,哨船2艘,隐匿在浙江省台山府的海面上,康熙五十二年四月二十六日,海贼头目张相凤派出属下郑昌时向总督范时崇递交文书,表达投诚官宪之意。(第55页)

康熙五十二年七月,浙江温州府总兵在巡视中,因发现海贼船4艘,向商船请求护卫,2艘商船过来后,游击、千总、把总等武官与商人商量,把所有兵器转移至商船,士兵也化装成商人。定海贼船靠近并询问伪装商船的兵船时,士兵乘上海贼船并加以攻击,杀死海贼30余名,生擒7名。海贼船被扣押,其余的海贼乘坐小船逃走。(第58页)

康熙五十三年四月,假装捕卖黄鱼的约24艘贼船袭击苏州府门外的两间鱼店。全部抢走鱼店的船用商品,并劫走妇女。此贼潜伏在苏州东方40里的黄天红。黄天红一带水深浅不一。在水浅处长着茂盛的芦苇,在水上巡视的八浆船很难追击,而且,贼船也备有兵器。水贼纠集二三人乘坐的小船20余艘,在太湖地区进行抢劫。(第62页)

图15 巡逻使用的八桨船

康熙五十三年二月二十五日以后，温州镇总兵进行巡查，五月十五日在看门洋发现贼船5艘，相互交火，士兵靠近贼船，杀死海贼60余人，数百名海贼溺水而死，生擒17名。缴获船只1艘。其余4艘逃走。

五月二十四日，黄岩镇总兵在黑水洋巡视，与4艘贼船相遇。相互火并，杀死10余名海贼，百余名落水

而死,生擒39名。缴获1艘贼船,1艘被击沉,2艘逃走。(第64页)

是年四月,松江府下的上海县黄浦江村庄有海贼出现,抢走两人经营米店的张某之妻。贼对张某说,如想归还妻子,可到我们住在太湖东边的白沙滩来。张某将此事告知苏州巡抚张伯行,张伯行率兵包围白沙滩。白沙滩共有17户人家,170余名渔民,张伯行将所有的人都抓起来,其中就有张某之妻。(第65页)

康熙五十六年四月十六日,黄岩镇4艘兵船在巡视石塘山海域时,逮捕贼船2艘,海贼31名。

四月十七日在温州镇的北麂外洋巡视时,发现贼船1艘,贼船急速逃走。四月十八日早上,在福建沿海的黑水洋兵船一齐放炮轰击海贼船,海贼船也还击。兵船快速追赶海贼船,兵丁王弟和杨知庆持火药驶向海贼船。由于其他兵丁也乘船过来,海贼出现大混乱,有的被火药烧死,有的溺水死,最后缴获贼船1艘,海贼77名。据海贼孙森的自供,他们30人从江河地

区逃来，12名乘坐其他船只逃往广东。剩下的11名与孙森一起乘船到温州来，受兵船攻击，有4名已经被打死。(第88页)

如上所述，康熙四十七年至康熙五十六年孙文成长达10年间的奏折中，可以看到浙江、福建沿海是海贼活动最猖獗的地方，曾使清朝的防备水军大伤脑筋。

"洋盗"的出现

在雍正元年（1723年）七月二十六日的两广总督杨琳的奏折中有如下文字：

> 查洋盗向唯广东、福建为多，江南、浙江次之。广东洋盗又多在潮州、惠州二府。

在清代中期雍正帝（1723—1735年在位）期间，被称为洋盗的海盗活动在广东和福建最多，其次是位于两省北面的浙江、江西。

其中，广东东北沿岸的潮州和中部沿海的惠州曾是洋盗的根据地。另外，在江南、浙江方面，浙江巡抚李卫在雍正四年（1726年）六月一日的奏折中有这样的记述：

> 浙江省辖下八山、羊衢山等与江南尽山、花鸟洋面相连地，匪船往来多于以往。

位于现在的杭州湾和东海相连接附近的岛屿是海贼船最集中的地方。此地方位于江苏、浙江两省的边界，官宪有时鞭长莫及。

李卫在奏折中说：是年五月，洋盗杨可英等人被捕后，我曾以为海上情况趋于平稳，但在八月八日前后，六七艘商船在浙江省台州沿海遭袭击。受害的商船的船户供述说："贼操福建、广东话。"由此可知，海贼是由福建和广东人构成。

据高其倬的落款日期为雍正四年十一月二十八日的奏折，浙江省黄岩镇所辖的海面上商船、渔船遭袭击，其盗首陈会逃往广东，但在潮州镇被捕。

在高其倬雍正五年十一月十七日的奏折中，也有在广东省海贼被捕的报告。据被捕的广东省海阳县人卢阿利的自供,于九月十三日夜,盗首洪伯封率44人从广东省潮阳县的凤规港出发,从十四日起多次进行海盗活动。

在高其倬的奏折中曾提到南澳诸岛附近的海域。这一地区岛屿众多复杂,官宪有所不逮,对海贼来说是个好地方,但对官宪来说是最重要的警戒区域。雍正六年四月十二日的奏折中,他有如下记述:

> 南澳地方紧要,为粤、闽洋盗出入门路,此处严密实在,扼住盗艘之咽喉,并可查盗窝之根脚。

舰盗之乱与海贼的国籍

从乾隆末期到嘉庆中期,大约相当于1789至1810年间,在浙江、福建、广东沿海海盗活动十分猖獗,发展到组织大船队反抗政府的地步。这一时期的一系列海贼骚乱史称"舰盗之乱"。以下按照时间顺序对这一骚乱的过程做一个概述。

到了乾隆末期,前文说到在海上到处抢劫的"洋盗"频繁出现在各种记录中。

> 近日洋盗集于海岛之人甚多,据查于浙江、广东被捕的王昆山、王马盛等犯人,彼等本籍地福建。虽短时间难以调查现在各地的海盗,但福建省漳州、泉州地方是盗犯出没之所,应设法禁止之。(《乾隆朝上谕档》第15册,乾隆五十四年六月二十一日)

乾隆五十四年(1789年)前后,从浙江到广东一带的海域是洋盗出没最频繁的地方,被捕的盗犯大多为福建省人,成为海盗的人中福建人最多。

根据乾隆五十六年(1791年)三月十一日乾隆帝的上谕,出没于浙江省和福建省一带海域的海匪袭击商船,甚至还袭击在温州沿海海域巡查的水军哨船,但反被击败,当场捕获百余人,随后捕获38人。被捕获的均为动作敏捷、性情粗暴的沿海地区出身者。地方官耐心劝其改邪归正均无效果,多为甘当恶棍、犯法毫无顾忌的海贼。(《乾隆朝上谕档》第16册)由此可知海贼集团成员出生地的情况。

嘉庆元年(1796年)三月,在福建省常有洋盗现身,由于带安南夷船进来,福州将军魁伦前往调查。原来,近年漳州、泉州发生水灾,丧失工作的贫民出海为匪,在福建省从事洋盗活动。这些匪徒处于随时集中随时分散的状态，难以捕获。此外，广东的匪船成员改穿安南人（越南人）衣服，乘风进入福建。（《仁宗实录》卷三，嘉庆元年三月条）福建省发生水灾，产生许多贫民，这就是洋盗多发的主要原因。

下面，我们来看一下在嘉庆六年八月二日奏折中记载的海贼的原籍地：

> 海贼陈赞，亦称阿尾，福建省渔民。受凤尾帮盗首油壳拉德要挟参加水面船。后与蔡牵的水面船联合在花鸟等海上袭击绿豆船。
>
> 江大，福建人，入伙水面盗船。
>
> 黄善，福建人，入伙水面盗船。
>
> 洪斗，福建人，入伙水面盗船。
>
> 蔡喷和余烈，皆广东人，海盗，遇难后被水面盗船救出，入伙。
>
> 陈标，福建人，加入该海盗。
>
> 陈法，亦福建人，被蔡牵船队的阔嘴拉捕获，后转为黄柯裁缝船成员。

陈水，福建人，绰号两头翘，先在壳油船，后入阿尾船。

黄十，亦福建人，阔嘴船成员。

澹升，亦福建人，陈猛船成员。

龙阿李，浙江人，加入阿江船成海贼。

黄将，福建人，乘阿江船，加入海贼。

蔡侯，福建人，乘阿江船，加入海贼。

李灰师，亦称李广，福建人，加入蔡牵团伙，成为海贼。

陈工，福建人，加入蔡牵团伙，成为红目船海贼。

蔡世，绰号粗皮，福建人，初入伙凤尾，后加入蔡牵帮，又加入李灰师船。

李吉，亦福建人，被李灰师捕获成海贼。

李举，福建人，加入蔡牵帮，安排在李灰师船。

陈火烧，亦福建人，加入蔡牵帮，入伙海盗，成为自营的海盗船主。（台湾"故宫博物院"图书馆《宫中档嘉庆朝奏折》未刊，以下同）

上面列举的20名海贼中，16名为福建人，可见，海贼的大多数为福建人。另外，有时凤尾帮、蔡牵帮（帮是表示同行业者集团的词语。凤尾是海贼集团的名称，蔡牵是有名的海贼首领。）等海贼集团之间实行以人员移动为目的的船员移籍交易。可见，海贼集团时而合并时而分家。

另外，在乾隆五十六年（1791年）三月十八日的上谕中还有这样的记载：浙江哨船捕获的洋盗多达百余人，其中有伙盗高造等4人，福建盗首林启和伙盗陈秋等28人（《乾隆朝上谕档》第16册）。从这一记载中可以看到，海贼中有被称为盗首和伙盗的称呼。海贼的首领称"盗首"，其手下的人加上表示伙伴之一的"伙"字，称"伙盗"。这意味着海贼集团中已形成地位序列。

福建海贼活动与沿海贸易

乾隆五十六年三月二十二日的上谕，在海洋被捕获的盗犯吴士奇等33人和海南岛的最南端的崖州捕获的周元宝等8人、被福建省捕获的邓全、吴佑、陈送、梁麟4人曾在福建省厦门的虎头山作案。在广东省海南岛崖州也有叫老虎头山的地名,看上去是在两地作案。不过,这两个地点相差3600里,与自供的日期也不符,因此,不可能在两个地点作案。(中国第一历史档案馆编《乾隆朝上谕档》第16册,档案出版社,1991年)

另外,在此时期,福建的海贼常出没于东北沿海,在乾隆五十六年四月七日的上谕中有如下记载:

> 被称为奉天的盛京省锦州等地区出现了来自福建的海匪。奉天是陪都,(清朝)建国之地,民俗纯真、人情厚,向来无盗贼之抢夺。而且,奉天的锦州一带的海洋,即使一直有商人往来,也未闻盗难发生。但本次盗犯黄如玉多人在锦州、盖州等海上抢夺,被盗3000两,其他被盗物品亦达相当数额。这些盗犯是原籍福建省的福建人,在锦州、盖州一带有同伙者。……据朕(乾隆)所闻,奉天锦州一带的沿海地方,住在此地的福建人以形成村落,多达万户。今次锦州地域之犯行有此地的失业者同谋,为盗贼提供住家情况。由于在这些地方做贸易的福建人很多,地方官也可多收商税,不满此做法的商人有与盗贼结合之趋势。(《乾隆朝上谕档》第16册)

在此上谕里列举了由于福建海贼的北上而出现了在沿海地域的福建商人在此地的活动。

福建省是靠海的省份,由于具有地理上的优势,自古以来,沿海贸易、海外贸易都十分活跃。即使到了清代,这种情况也没有发生变化。尤其是棉花的贸易十分活跃。通过沿海贸易,他们将棉花从华北以北带到南方。19世纪中叶,曾到中国来的英国人 W.H. 米奇尔曾写道:

> 北方盛产棉花,南方生产大米、砂糖、果实、药材等。

另外,米奇尔还说:

> 福建的农民生产许多砂糖。这对于普通的农民来说尤其如此,他们还不仅仅是专门的砂糖生产者。春季,农民将这些砂糖拿到最近港口卖给海运商人,商人利用南季节风船将砂糖运到天津及北方的其他港口。这些商人的舢船在沿海海岸航行4—6个月后返回。秋季,一部分农民获得现金,其他的则得到北方产的棉花作为砂

糖的货款。（田中正《中国近代经济史研究序说》，东京大学出版会，1973年）

通过沿海贸易，北方产的棉花带到了福建省。贸易地范围的扩大，海贼的活动半径也随之扩大。

海贼袭击琉球的朝贡船

明初以来，琉球一直向中国朝贡。在明初，朝贡船一般取冲绳那霸到福建省泉州的航线。其后，来航地改为福州。从那霸到福建省的海域遭受海贼袭击的危险性极高。琉球的朝贡船在明朝时期常遭受倭寇袭击，在清朝初期，遭受台湾的郑氏家族的袭击，其后遭受海贼的袭击。

现在我们来看琉球朝贡船遭受海贼、海盗袭击的情况。

署闽浙总督觉罗长麟和署福建巡抚魁伦于乾隆六十年（1795年）九月七日的奏折对袭击"琉球国货船"的张初郎有如下记述。

张初郎是长年在福建沿海的盗首，其名广为商人熟知。手下有很多海盗。他是福建省漳浦县人，自幼丧失家庭过

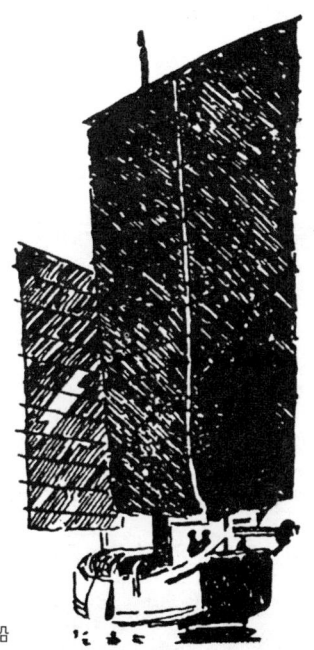

图 16　棉花输送船

着孤独的生活。乾隆五十四年（1789年）沦为海贼，直到乾隆五十七年，屡次作案。他本身对犯案情况也记不清楚。乾隆五十七年在烈屿、南澳犯案3次，在虎头洋随盗首吴作袭击装运利润丰厚的豆类的商船。乾隆五十八年在南澳宫仔前等海域2次袭击客船。乾隆五十九年袭击渔船1次，客船2次，商船1次。乾隆六十年五月二十一日，张初郎与林发枝一起组成30余艘的船队袭击浙江省政府运输米的船舶，抢夺大米30余袋。（《中国第一历史档案选编》，中华书局，1993年）

海贼抢夺政府的征粮

嘉庆元年（1796年），福建省船户黄振与福建省7艘商船一起搭载从台湾到福建省港市厦门等地的军需米，到达天津港。他们为何要进入远离目的地的天津港呢？黄振等人是福建省南部漳州、泉州府的船户。他们以前就将货物运送到台湾，返回时运送作为御用米的台湾米上缴给厦门府。这一年，跟往年一样，在台湾装上大米出发，四月末在厦门的将军澳一带的外海发现海贼船。他们于是放弃此次航行，姑且返回澎湖岛。六月初，与其他40艘船做伴再次出航前往厦门。此时的航行乘南风非常顺利。但突如其来出现了许多海贼船，遭到袭击的黄振等人的船只乘南风北上天津港。（《宫中当家清朝奏折》嘉庆元年七月八日奏折）

从奏折上的叙述得知，海贼团伙十分清楚台湾产的米谷是由福建省方运输的情况，多次拦截此运输航线。

海贼船只的武装

此时期的海贼是以怎样的武装袭击船只货物的呢？嘉庆元年（1796年），海贼的一个团伙向福建省泉州府投降。他们的绰号是"乌烟"，由盗首纪培和纪敦、林顺、李月、谢超等4名小盗首及苏道等伙盗156名组成。投降时他们交出了5艘船上的武器如下：

大小炮19门，其中，大炮2门，重3080斤和2900斤

鸟枪4棹，长短刀金串145件

藤牌23面，火药37斤

铅子3小斗，番弓5张

番箭1捆60枚，番标4枚

番衣6件，番带2条

番笠1顶，番数珠2串

番圈1个

乌烟纪培是泉州府晋江县人，投降时34岁。以前是渔

民，乾隆六十年（1795年）三月，被邱通为首的海贼捕获后入伙。当上盗首后，率领由5艘船和156名属下组成的海盗集团。5艘船由盗首纪培和4名小盗首指挥。每艘船有30名左右成员，船上有大小4门程度的大炮。2门大炮上刻有"台湾大雏龙阵一号"和"台湾大雏龙阵二号"的字样，由此可知大炮是从台湾军抢夺来的。

向惠安县投降的侯纳（七宝同）和黄清等24名海贼的一艘船的装备上有：

> 大小炮4门，鸟枪3槟
>
> 刀械16件，竹灰4顶
>
> 藤牌4面，火药20余斤
>
> 铅子2斤，红布旗1面
>
> 《宫中档嘉庆朝奏折》嘉庆元年七月二十一日）

海贼手中的武器是从哪里得到的呢？乾隆五十一年七月，谭华瑞等8名海匪在海上被捕获。谭华瑞以运送专卖的盐的名义在海上四处抢劫。当时检查匪船，发现有大炮用的喷筒和火药1斤。仔细调查它的来历，发现是从水军兵士那里买来的。水军追捕海贼而使用的火药是来自兵士的非法出售,成为海贼作案的工具。(《高宗实录》卷一二五九,乾隆五十一年七月甲子条)海贼从兵士那里非法得到火药,甚至还用来袭击清朝水军。海洋盗犯不但袭击商船,还袭击官船,抢夺军队的粮食和武器。这是以前从没发生过的,使清朝甚为恐慌。(《高宗实录》卷一二九三,乾隆五十二年十一月壬午条)

一般认为,从这时起,清王朝的统治体制出现了问题,内部腐败日益显著。在沿海地区,地方官的腐败产生了海贼。这些海贼从腐败的军队中得到了武器。

在嘉庆初年出任福州将军的魁伦对此事曾有如下描述:

> 臣(魁伦)认为,海洋对福建省最为重要,不能疏忽大意。为了不使事情扩大,今将水军装扮成商船严加取缔。

通过水军的追捕是否取得预期的效果呢?对政府而言,最有效的措施是彻底镇压海贼、海盗,然而,腐败的军队是不可能镇压海贼的。因此,官方采取鼓励海贼、海盗投诚的做法。例如洋盗庄麟杀死盗首骆什，带领伙伴，带上船舶和攻击用的驳机主动投降，清朝赐给他很大的一匹缎，并提任为武官千总。（《仁宗实录》卷三，嘉庆元年四月癸巳条）

洋匪及夷匪

这时人们将常出没于中国沿海地区的海贼称为洋匪和夷匪。这是因为这些海贼不完全是中国人。

> 时浙江、福建洋匪北接山东，西通广东西，三面数千里，皆盗出没。其内地曰洋匪，蔡牵最大，朱濆次之；外地曰夷匪，多中国人挟安南人为之，凤尾最大，一艇载数百人。洋匪曰匪艇，夷匪曰夷艇，夷艇至辄数十艇，蔡牵百数十艇，朱濆亦数十艇，其大较也。（浑敬《浙江提督李公墓阙铭》，载《碑传集》卷一二二）

中国的海贼集团的洋匪和由中国人和安南人构成的夷匪常出没在中国大陆沿海海域。

焦循的《神风荡寇记》(阮元《雕菰集》卷一九)对此有如下记述:

艇匪自安南来。浙贼凤尾也。闽贼蔡牵、水澳也。

这些海贼分为好几个团伙,夹杂着安南人的夷匪、浙江的凤尾、福建的蔡牵、水澳。

清朝认为越南的动乱是安南人海贼的出现背景。

越南的动乱

位于广东南边的越南于 1771 年爆发越南历史上最大的农民叛乱,史称"西山党之乱"。阮文岳、阮文侣、阮文惠三兄弟起兵反抗当时在黎氏大越南国的宗主下统治越南南部的阮氏广南国。

叛乱迅速扩大,于 1777 年灭阮氏,1788 年灭统治越南北部的郑氏,驱逐名义上的国主黎氏,取得全越南的统治权。清朝乾隆帝应黎氏的救援请求派遣军队,抗击清朝军队的是已经取得越南北部统治权的阮文惠。在越南史书

《大越南史记全书续编》卷五，戊申二年、乾隆五十三年（1788年）十一月条中有如下记述：

> 阮文惠即皇帝位于富春城，改元光中。（陈荆和编校《校和本大越史记全书》下，东京大学东洋文化研究所，《东洋学文献中心丛刊》第47辑，1986年）

阮文惠在富春城即位于越南中部的顺化即皇帝位，改元光中（1788年）。他重视农业，采用民族文字——字喃，现在被视为民族英雄，享有很高的声誉（片仓穰《越南的历史与东亚——前近代篇》，杉山书店，1977年）。称光中帝的阮文惠（1788—1792年在位）击退清朝的攻击，取得越南北部的统治权，被封为安南国王。袁永纶参考光绪《广州府志》、同治《番禺县志》、民国《东莞县志》写成的《靖海氛记》对这期间的状况有如下记述。在书中阮文惠是以阮光平的名字出现的。

> 阮文惠即皇帝于富春城，改元光中。
> 粤东海寇，时起时灭，由来久矣。乾隆五十六年

(1791年),安南人阮光平逐其国王黎维祺,维祺奔入广西。嘉庆六年(1801年),维祺弟福映,以暹罗龙赖兵返国,与光平大战,杀之。光平子景盛与其臣麦有金遁入海,海贼郑七与吴知青等附之。

在这里,我们已经感觉到越南的动乱与"粤东海寇"的产生有直接的联系。清朝对向自己朝贡的阮光平其实是阮文惠(实际上将弟弟化装成本人入朝)有如下评价:

> 拿捕洋盗陈添保。陈添保原为渔师。乾隆四十八年渔之际,遭遇大风,被阮光平属下捕获。后被任阮光平配下的总兵。多年间,洋盗益暴起因于安南无隐家。阮光平常捕获内地民任官,行掠夺。阮光平领受清朝恩义而行此非道行为。[《仁宗实录》卷九〇,嘉庆六年(1801)十一月丁亥(十四日)条]

可见,清朝已经看到飞扬跋扈的洋盗里有越南阮文惠的身影。

阮文惠篡权之前,在广南国的顺化港里,就出现了中国

图 17　乌艚船

以及荷兰、占城[1]、柬埔寨、暹罗等国的商船,谱写了贸易创造的繁荣篇章。但是,君主阮氏对这些商船采取一半货物课税、一半没收的做法,各国船只从广南国彻底消失,给社会带来繁荣的贸易迅速萎缩。在此时期夺取政权的阮文惠为弥补濒于崩溃的财政,准备乌艚船百余艘,纠集中国沿海地区的官方搜索的犯人和流民,授予假的官爵,发给武器和船

---

[1] 位于印度支那半岛东南部(今越南中部),于2世纪末独立,中国史籍称林邑,唐末后称占城。由于地处海上交通要道,中转贸易发达。17世纪末灭亡。

舶，让他们在广东、福建、浙江、江苏沿海进行抢劫。

广东澄海人伦贵利投降安南，在与广南国的战争中立下战功，被封为侯爵。安南国的水军76艘分成前支、中支、后支，伦贵利被任命指挥后支。清嘉庆元年（1796年），他秘密与福建海贼联合，在福建、浙江抢劫，被清朝水军捕拿并处于碟刑（中华书局本《清史稿》卷五二七，《列传》、《属国二》、《越南传》）。

越南的海贼

其后的越南为争夺统治权，在广南国阮氏后人、具有黎氏血统的阮福映和阮文惠的儿子、封为安南国王的阮光缵之间展开激烈的争斗。受到暹罗资助的阮福映取得优势，于1806年攻克了旧都富春、升龙，消灭了阮光缵。（片仓穰《越南的历史与东亚——前近代篇》）1906年，阮福映就帝位（嘉隆帝，1806—1820年在位），创建了直至20世纪中叶统治越南的阮氏王朝。嘉隆帝的政权沿袭了黎氏大越国的体制，具有浓厚的复古色彩。（见片仓穰前书）

前文引用的《靖海氛记》就其后越南的形势和海贼的

关系做了如下的记述。文中的阮景盛指阮光缵。另外，实际上，阮光平即阮文惠早已于嘉庆六年（1801年）死去。

> 嘉庆六年，维祺弟福映，以暹罗龙赖兵返国，与光平大战，杀之。光平子景盛与其臣麦有金遁入海，海贼郑七与吴知青等附之。景盛以郑七为大司马，郑七有海船二百，助景盛返国，十二月袭安南港，福映与战屡败，郑七遂据安南港虐其民，民怒潜约福映夹击之，郑七大败，中炮死，徒弟郑一领其众，劫掠海上。水师总兵官黄标屡败之。其后海贼红黄青蓝黑白诸旗雀起……

计有：黄旗，首领吴知青，混名东海伯，二首领李宗潮；蓝旗，首领麦有金，海康县乌石乡人，在兄弟中排行第二故又称乌石二，有兄有贵、弟有吉和军师黄鹤助之；青旗，首领李尚青，混名虾蟆养。

另有一股海盗，以红旗为号，首领郑一……

由于有贼援助，海寇愈发猖狂。而后出现的张保、号称香山二的萧稽兰、梁皮宝、萧步鳌均与此有关。

海贼是使两股海军势力发生争斗及越南出现混乱局面

的背后推手。随着治安的恶化，海贼集团越来越多。他们也来广东，为筹措军费袭击中国商船。

越南与中国的海贼在地理上紧密联系。越南的江坪地区是有名的海贼聚集地，此地与中国广东省廉州、琼州一带的海域相连，甚至与廉州府的钦州相连。而且，在江坪地区，福建人、广东人与越南人杂居在一起，是最适合于海贼潜伏。中国的官府也常常鞭长莫及（《宫中档嘉庆朝奏折》，嘉庆元年十二月十一日觉罗吉清、张诚基奏折）。后来阮朝确立了越南的统治权，随着治安的好转，这些海贼集团将活动舞台移至广东，与中国的海贼汇合在一起。

《靖海氛记》将这些海贼划分为六种类型。另外，在《仁宗实录》卷一四二，嘉庆十年四月己卯（二十六日）中有如下记载：

> 拿获艇匪陈杨得，讯据供称：艇匪共有四帮，一系乌石二为首，一系郑一为首，一系总兵宝为首，一系林阿发为首。福建洋面系阿发、总兵宝二帮，连土盗朱渍附和之船共一百余号。其乌石二、郑一两帮，尚在广东洋面。又广东会匪首李崇玉平日与艇匪相通，现在林阿发帮内。

在《靖海氛记》中记载的六旗中,可以知道蓝旗的乌石二、白旗的总兵宝即梁宝、红旗的郑一三个团伙的动向。这说明这些艇匪和中国的会匪、会党(秘密结社的宗教团体)的结合十分密切。

在嘉庆十一年十一月嘉庆帝的上谕中有如下记载:

> 粤东之洋匪最难处置。据闻,高州府辖区吴川、雷州府辖区遂溪是洋盗停泊隐藏之地。……现在,郑一、乌石二均拥有船百艘,召集逃亡者日增。(《仁宗圣训》卷三九《海防》)

位于雷州半岛尾部东侧的广东省吴川、遂溪是越南海贼集结的根据地。上谕中出现郑一和乌石二的名字,如《靖海氛记》所记,郑一是与阮光缵同伙的郑七之弟,乌石二即麦有金,是阮文惠的部下。

据温承志《平海纪略》("昭代丛书"癸集萃编所收)的记载,在广东省沿海的东路、中路、西路海域活动的海贼中有李尚清、梁保、吴知青、郭学显、张保、麦有金六个团伙,其他小的团伙不计其数。其中,梁保的团伙在东路、中路活动，麦有金、吴知青、李尚青三个团伙在西路活动。另外，郭学显、张保是大盗郑一的属下。郭学显系番禺人，原从事渔业，其父母兄弟被捕后不得不跟随郑一。郑一死后，领导其属下形成团伙。由于旗帜的颜色为黑色，被称为黑旗帮。张保侍奉郑一和其妻石氏。他的旗是红色，被称为红旗帮。

海贼张保和郑一嫂

受到海贼郑一和其妻石氏信任的张保是怎样的海贼呢？《靖海氛记》(《香港历史资料文集》上，香港市政局，1990年)对张保做如下的描述：

> 张保是新会、江门（现在的澳门以西50公里处）的渔师的儿子。其父很勤奋，每天出海捕鱼。15岁时随父出海打鱼的张保，在岸门湾附近遭郑一的船袭击，被捕。郑一一看到他就格外高兴，让他在身边服侍。张保聪明伶俐，又是个美男子，深受郑一的喜爱。不久就将其提拔为头目之一。嘉庆十二年（1807年）十月

十七日，郑一遭遇大风暴溺死。因此，郑一之妻石氏将郑一的海贼团伙委任于张保，自己统率全队。她就是世人所知的郑一嫂。拥有众多属下的张保每日进行抢劫，人员和船舶日益增多。为了让众多的属下服从于自己，他制定了三条规矩：第一，随意上岸者作为"反关"，缚其手足，耳中插棒，在各船上当众处死。第二，掠夺物不得随意化为私有，在全员面前分十份，两份归抢夺者，其余八份归仓库保管。收归仓库的物品称"公项"，私密盗"公项"者立即处死。第三，不经船责任者许可，不得将在村落等处抢夺来的妇女归为私有，对妇女加暴行或不经许可私自娶为妻者立即处死。

渔民出身的张保就这样偶然加入海贼郑一的团伙崭露头角，在郑一和石氏夫妇的鼎力支持下，委于重任，终成为大海贼。

在欧美有关中国海贼的书籍中常将这位广为人知的女海贼称为"Ching 夫人"（日本通常译为"チン夫人"。这主要根据 1831 年英译本的《靖海氛记》中出现的"Ching yih saou"、"The wife of Ching yih"的说法。可以肯定的是，这是指张保的支持者石氏，即郑一嫂。在《海贼的世界史》（朝比奈一郎译，利布罗伯特著，1994年，原著1932年）中，上述张保的三条行规亦称为"ちん夫人"条规。在《靖海氛记》原文看到的都是说张保制定的。也许该书作者认为张保是郑一嫂的属下，理所当然，条规由郑一嫂制定。

海南王朱渍

朱渍是拥有巨大势力的海贼。《厦门志》卷一六中对朱渍有如下记述：

> 朱渍，漳人，家饶富，好结纳，与盗通。乡里欲首之，挈妻子浮海去。后为盗，有船数十艘，自称海南王。沿海劫掠，与蔡牵匪相勾连，又各自为帮。

在《仁宗实录》卷一五六，嘉庆十一年（1806年）三月十八日条中有这样的记述：

> 从来朱渍之盗船多航行于广东沿海,然常急现于福建海域。

他就是常出没于广东、福建海域的海贼。

镇海王蔡牵

乾隆末期至嘉庆前期,在华南沿海海域有不少出名的海贼。在《清稗类钞》盗贼类《东南海上多盗》(中华书局本)中有如下记述:

> 嘉庆初,东南海上多盗,曰凤尾帮,曰水澳帮,曰蔡牵帮,闽盗也。曰箬横小帮,浙盗也。曰朱渍帮,粤盗也。续出者,有黄葵帮及和尚秋等小盗,则皆闽、粤间人。

在19世纪末,在福建、广东一带的沿海海域常出没众多大小海贼。其中,势力最大的应属蔡牵。

蔡牵乾隆二十六年(1761年)出生于福建省同安县西

浦乡。(季士家《清军机处〈蔡牵反清斗争相〉档案述略》，载《历史档案》1982年第一期）据说，蔡牵自幼丧双亲，由于没有亲人，从幼年一直生长在贫困中。33岁时，因连年天灾，生活贫困而加入海贼行列。

另据道光《厦门志》卷一六，纪兵嘉庆七年（1802）五月一日的注记，对蔡牵的出身有如下记述：

　　蔡牵，同安人，以弹棉花为业，后入海为盗。

这里的"以弹棉花为业"说的是棉花收获后将缫棉打松散。打棉花要使用4尺（约1.2米）长的、用竹制成的木棉弹弓。蔡牵打的棉花可能是通过前述的福建贸易商人运来的北方产棉花。

焦循的《神风荡寇后记》(《雕菰集》卷一九）对蔡牵有如下记述：

　　（蔡）牵漳州民。乾隆六十年入海为盗。时浙贼、凤尾、闽贼、水澳最强，牵及箬黄次之。

由此判断,他是乾隆六十年加入海贼的。当时,浙江的海贼最强,但到了嘉庆五年六月,受台风的打击,损失惨重。《仁宗实录》卷七三嘉庆五年八月丁卯(十七日)对此有如下的记述:

福建、浙江洋匪多遭台风,今浙江沿海的凤尾和水澳之盗船仅十艘。在福建沿海蔡牵的盗船仅剩三十余艘。

受台风打击,浙江海贼元气大伤,蔡牵迅速崭露头角。浙江海贼余党逐渐并入蔡牵势力。《神风荡寇记》对此有如下描述:

凤尾盗首庄有美、其母李缚献、水澳贼首林亚孙于东白死。仅(蔡)牵逃走福建。牵同伙侯等添与牵不和,联合水澳、凤尾残余组一团。牵嫌此,于嘉庆六年冬与妻一起在台州石塘洋诱杀侯等添。

在参与杀死侯等添一役中取胜的妻子也加入海贼的行列,成为骁勇善战的伙伴。从那以后,蔡牵成为海贼一大霸主。嘉庆初年，蔡牵的团伙已发展到拥有百余艘船的海贼集团，朱濆、张保等人也加入其中。周边的土盗（陆地的盗贼）也与之呼应，在沿海一带肆虐抢劫。据说在福建、广东、浙江三省的沿海地区无一不遭此害。(《厦门志》卷一六)

属下称蔡牵为"大出海"，"出海"是福建南部一带称呼船舶关系人的一种业内名称。

> 支配船运货物之出海者称"出海"。(《厦门志》卷一五《俗尚》)

出海取代财东（资本家），乘大型船舶进行海外贸易的海上船舶的全权责任人，时呈串珠。(松浦章《清代福建的海船夜》，载《东洋史研究》第47卷第3号，1988年)称蔡牵为"大出海"，是对"出海"最大的敬称。就是说，"大出海"意味帆船航海者的最高首领。蔡牵被称为"大出海"有其理由。

带领属下海贼集团的蔡牵，在沿海海域处处有其踪迹。据阮亨《瀛舟笔谈》卷二的说法，嘉庆五年至嘉庆十年，蔡牵在浙江、福建、台湾、广东的相连海域进行的海盗事件多达40余件，他出动的船队多时达90艘，少时也有20余艘。

《仁宗实录》卷一五六，嘉庆十一年正月壬子（四日）条中对此有如下描述：

> 蔡逆反抗愈甚，自称镇海王。

顾名思义，"镇海"是掌控大海之意，可以说，其势力已发展到了以台湾为根据地俨然是海上帝国统治者的地步。

维持蔡牵如此庞大势力的经济基础是什么呢？《仁宗实录》卷一一七，嘉庆八年七月条中有如下记述：

> 况闻蔡牵私收商税，任意挥霍，与沿海居民久相浃洽……

蔡牵向航行于沿海的船只征收商税。被收取商税的船只就不会遭受袭击。根据季士家所查的档案，蔡牵向海船船主出售"免劫票"，称为"打票"，持有此票的船只就不会受到袭击（前述季士家论文）。毫无疑问，这些"打票"

的收入是其财源的一部分。这一情况可以从下面《仁宗实录》卷一〇八，嘉庆八年二月嘉庆帝秘密下达给福建、浙江总督的上谕中看出。

> 朕闻近日闽省洋匪与会匪颇有互相勾结，狼狈为奸等弊：海口各商船出洋要费用洋钱四百块，回内地者费用加倍。此项费用，俱系给洋盗蔡牵；给则无事，不给则财命俱失。

对于从事海上贸易的商人来说，如不服从蔡牵等指令就意味着丧失性命，但在另一方面，向蔡牵等团伙付出费用就会起到一种生命保险、海上保险的作用。正是这种关系使海贼与海商相得益彰。蔡牵与商人的这种密切关系还可以从如下情况得到证实。

浙江巡抚阮元命令浙江提督李长庚建造新型战舰以平定蔡牵等海贼。嘉庆六年，李长庚在福建建成的30艘新型战舰转弯掉头容易，船体坚固，装配大炮。这种被命名为"霆船"的新型舰艇，威力大，给蔡牵船团以沉重打击。对此，蔡牵于嘉庆八年向福建商人送数目可观的金品让其建造比霆船更大的船只，采取更为大胆的海盗活动。

蔡牵为对抗清官府，请求福建商人的支持建造新型船只，这说明蔡牵和福建商人之间因为清官府鞭长莫及而形成一种密切的关系。

海关与海贼的肆虐

海关的税收对于清朝的财政来说，与盐的专卖收入一起占有非常大的比重。但是，随着海盗活动猖狂，商船的活动日益减少。这种情况在下面的奏折中可看出。

据浙江巡抚新授两广总督觉罗吉庆日期为嘉庆元年（1796年）七月二十一日的奏折，可以了解自乾隆六十年（1795年）七月九日至嘉庆元年七月八日一年间，浙江海关的税收情况：

> 昨年福建省漳州、泉州一带的烟草、砂糖减产，且海上不宁，福建、广东商船往来稀少，故税收减少。
> （《宫中档嘉庆朝奏折》）

这是入港宁波的福建、广东的商船因海盗活动的猖獗而减少的缘故。

在同一年的八月八日的奏折中，福建、浙江总督魁伦报告了如下情况：

> 昨年秋，漳州、泉州一带有海水灾害，且农作物遭干旱之害，加之，海洋不安宁。南北商船不如以前流通，税收减少。(《宫中档嘉庆朝奏折》)

可见，在福建海关也遭受海盗的肆虐而税收减少。

嘉庆十一年四月九日福州将军监管闽海关事务的阳春的上奏中也有类似的记述：

> 厦门一港冬季钱粮大半来自台湾船只砂糖、油等货物之入港纳税。然昨年四月至十月间关税收入减少。因蔡牵于台湾附近海域徘徊，嘉庆十一年，三四个月商船不通，出入厦门、泉州等港船舶少，货物税减少。(中国第一历史档案馆《朱批奏折》财政类)

由于蔡牵的抢劫，入港船舶大为减少，福建省厦门的货物税减少。

嘉庆十二年四月十六日福建、浙江总督检署闽海关印务的阿林保的奏折中有如下描述：

> 倘若保护所有海道，进行通商，海外贸易商船往来不断，福建海关的税收就充足。自昨年海洋不宁，广东、浙江、江苏、天津、锦州各地来福建的商船减少，自福建至台湾的商船亦比以前减少。且往外国贸易归国之船舶稀疏。捕捉海盗之事极其重要。

如上所述，只要海贼、海盗还在海上肆虐抢劫，就不能指望海关税收的增加。

蔡牵舰盗的终结

决心下大力气打击蔡牵的是浙江提督李长庚。尽管当时的军队有人将武器出售给海贼，有的地方官员受贿赂对海贼手下留情，同时也受到权限的制约，他还是克服了种种困难，于嘉庆十年对蔡牵采取攻击行动，拔掉他在台湾的根据地。第二年嘉庆十一年他连连在广东、福建打败蔡牵，自己却被海贼的子弹击中身亡。但由于李长庚的作用，蔡牵只有3艘船只逃往越南。

逃到越南的蔡牵于嘉庆十三年再度出现在浙江、福建海域。李长庚的部下王得禄、浙江提督邱良功出兵追击。蔡牵于嘉庆十四年八月十八日在定海被打死（季士家前揭论文）。在同年八月二十六日署闽浙总督张师诚、福建提督王得禄、浙江提督邱良工三人联署的奏折（《宫中档嘉庆朝奏折》）中有蔡牵末日的详细描述。

奏折以"歼除海洋积年之首逆蔡牵，击沉沉没逆船二百余犯全数，生擒助恶之伙党"为题目。

> 洋盗蔡牵既达十数年横行福建、浙江、广东三省海上，袭击商船、抵抗官兵。计划台湾占据攻城，称王号（镇海王），罪大恶极实。
>
> 蔡牵一日不排除海上一日不靖。张师诚三年以来追讨之。七月，福建提督任命之海坛镇总兵孙大刚、参将陈琴等追迹蔡牵船团。于浙江提督邱良功搜索浙江乍浦

一带。王得禄于八月十六日受张师诚之联络,使邱良功南下。

八月十七日拂晓于鱼山外洋果发现蔡牵船团十余艘。蔡牵船团亦发现,速足船逃。水军追迹之,至午刻,浙江水军追至。蔡牵船团击打跑欲逃离。黄严镇总兵童镇陞之船主帆柱坏,返沿海。此时,福建提督王得禄引福建水军攻击蔡牵船团。海贼船团四散。

邱良功集福建、浙江水军攻击蔡牵本船,击沉蔡牵船。既已暮近,兵船执拗搜索海上,参将陈珍等于海上逮捕海贼二十五名。得被逮捕海贼供述,蔡牵与其妻被波卷,力竭水没。彼等为蔡牵之手足侧近,彼等亦火药火伤漂于海上被救。蔡牵船二百五十至二百六十名几殆水死。

蔡牵确死无疑。蔡牵波吞溺死之时,彼义子蔡小仁及属下矮牛之二船无事。然蔡牵离船甚远不能救。再者,蔡牵近日吸饮阿片,身体虚弱,不能靠板久时海上漂泊。此为永年罪过之结果。虽未逮捕蔡牵,但蔡牵溺死已无误。

另一方面，在广东海域长达20余年为害海商的越南海贼也被两广总督百龄彻底镇压。嘉庆十五年（1810年）夏，百龄限制沿海商船出港，将专卖盐从海运改为陆运，水军严格监督检查，士气大振。降伏张保，解散2万余海贼。随后，将乌石诱出雷州杀死，广东沿海终于平定。(《清史稿》卷三四三，列传一三〇《百龄传》)

第六章　死灰复燃的海贼（清末—现代）

开放国门后的海贼

在上一章谈到，艇盗之乱大体被平定。但这并不等于海贼不复存在。

道光二十年（1840年），在清朝和英国之间就贸易问题爆发了鸦片战争。清朝战败，于道光二十三年签订《南京条约》。根据条约，广东、厦门、福州、宁波、上海五港开放。这样一来，随着对外贸易的发展，以外国贸易船为袭击对象的海贼又显露其身影。

道光三十年，居住在福州城外南台的瑞典人雇用小船到停泊在闽江河口附近的五户门外的外国船，借了洋钱200元，在返回的途中遭遇海贼袭击，洋钱被抢走。官方进行

搜捕，终于捕获匪船主朱青青即朱茂科。[《筹办夷务始末》卷三，道光三十年十二月乙丑（初八，一月十九日）]

咸丰五年（1855年）英国以捕捉盗匪的名义，用军舰开始在长江以北的北洋进行巡视。[《筹办夷务始末》卷一一，咸丰五年七月辛未初十（八月二十二日）]

此时，广东沿海并不安宁。浙江省沿海也有许多艇匪出没。出入宁波港口的贸易船只遭袭击。商人为了商船的安全，也雇用蒸汽船，由于其费用太昂贵，出现了购买蒸汽船的动向。(《筹办夷务始末》卷一一，咸丰五年八月甲午初四日）宁波是沿海帆船贸易的一大港口。在码头，装货、卸货的人达3000余人。1880年代，仅舢船就达800艘左右。（松浦章《清代宁波的民船业》，载《关系大学东西学术研究所纪要》第21辑，1988年）在宁波福建出现许多"广艇"，为害渔民。其首盗为温、陈、郑，三人均为广东人。他们降伏，居住在宁波。后来，与来航宁波的福建商船船员常常发生矛盾。这是因为许多福建水手在海上遭到他们的袭击。广东人不过数百人，而福建人达数千人，双方对立严重。（段光清《镜湖自撰年谱》咸丰四年条，中华书局本，1984年）

图 18 鸦片战争后，英国统治下成为贸易港口的香港

图 19 逆宁波甬江而上的帆船

第六章　死灰复燃的海贼（清末—现代）

　　清朝每年都要出动一艘军船巡逻，从冬季到春季，从江苏省吴淞南下到宁波、福州、厦门、香港、黄埔。夏季到秋季，从广东黄埔北上香港、厦门、福州、宁波、吴淞。如发生海盗潜伏袭击商船，即严厉打击。但是，由于福建、浙江水军管辖海域太宽，很难阻止盗匪的抢劫。在福建、浙江省海上常出现一种被称为"广艇"、"舴艋"等小型海贼船。他们乘南风，与土匪联手，等待机会。对此，在福州的英国领事派遣英国军舰在五虎口等巡逻，要求与清朝会见。清朝拒绝此要求。[《筹办夷务始末》卷一三，咸丰六年（1856年）七月壬戌初七日条]

　　国门开放后，中国的海贼并非销声匿迹。但是，从这一时期以后，欧美列强强烈要求清朝取缔海盗活动，有时还派遣本国的海军扫荡海贼。因此，曾经发生的倭寇和艇盗等大规模的海盗活动的时代已经过去，海盗活动几乎采取小规模散发的方式。在下面的小节，我们将通过公开发行的新闻报道来看从这一时期到现代为止的中国海贼的情况。

出没南海婆罗洲海域的海贼

英文报纸《北部中国先驱报》于1850年5月3日（道光三十年三月二十三日）创刊在上海。该报于1876年1月13日刊登了1875年11月25日（光绪元年十月二十八日）在面临南海波涅奥（音）岛的东海岸，一艘英国籍的帆船遭受海贼袭击的报道。这一报道是从新加坡报纸 *Straight Times* 转载过来的。下面是这篇报道的译文：

"英国船、婆罗洲海岸遭海贼袭击"

英国籍三桅帆船、船名威斯特·印第安号灵格德船长于本月（1月）10日从波涅奥（音）海岸到达新加坡。该船于11月25日早晨在波涅奥（音）海岸遭海贼攻击。此时，船停泊在布罗河口北面约20唛，拉布拉布岛和普罗·班加恩（音）之间，有许多暗礁。船长将船交给一等航海士，连简单的中午饭都没有吃就与年轻的数名船员一起下船。船上还有二等航海士、船长的外甥、两三名中国人和当地出身的船员约20人。11月25日上午3时，一位马来人的岗哨发现四五名海贼向船驶来。岗哨向海贼呼喊时，海贼用小铳枪一齐射击。随后出现约30艘的小船。这些小船长约40米，配有可以直线航行的防止翻船的舷外浮材的装备。每只小船乘坐6—10人。威斯特·印第安号船被200名以上的海贼包围，他们一齐向船上船员呼喊。东印度诸岛出身的船员除了一人之外，因过于害怕，全都发愣，一点都不会采取行动。但船上的两三名中国船员积极采取行动，不让海贼靠近。一等航海士、二等航海士、船长的外甥和另外一位拿起施奈德枪，向小船射击。几位中国人向小船投掷酒瓶等物，倒热开水烫伤袭击舷侧的海贼。苏奈德枪猛烈发出的火力让海贼们认为船的防御坚固，而感到畏缩。上午6时，海贼一直在海湾待着没有采取行动。后来，海贼上了岸。一等航海士认为海贼不会那么轻易地放弃攻击，于是采取在海盗不在的时候升起所有的船帆缓慢行驶。这是一个运气很好的防御措施。因为到8点左右，海贼又结队返回来了。此时，约40艘小船载着约300名以上的海贼向威斯特·印第安号船驶来。当他们靠近船时，正好吹起适合的风，船速开始加快。因此，以大约15英寻（宽约30米）的速度在水面上滑行。

不久，船以适当的速度开始将海贼的小船抛在后面。用这种方法航行是极其困难的。船必须小心航线，停泊在两个危险的暗礁之间，以威胁靠近小铳射程距离的海贼。一等航海士避免了船员受伤。由于船摆脱了铳的威胁，这使追不上船的海贼们非常胆怯。不久已成为海贼猎物的威斯特·印第安号为逃脱海贼袭击改变方向，驶向岸边。船长开着汽艇倒回来追赶海贼团中的几只小船。他用枪成功狙击了两三名海盗贼。但由于小船已进入浅水海域，汽艇无法追击。海贼仓皇逃亡。上午11时，船长回到自己的船上。这是威斯特·印第安号船以前所没有经历过的危险。这些海贼可能是近年来在此海域见到的最大的海贼团之一。

《点石斋画报》刊登的盗贼袭击图

光绪十年（1884年）五月八日在上海创刊的旬刊《点石斋画报》于同年十月下浣、第23号刊登了以"官舟被劫"为题的图。图中有如下说明文字：

浙江省之塘栖镇距省垣艮山门约四十里。近镇附有地名五港博陆者。此一小小市集官大河之冲，枭枪匪时有出没。故上宪派两炮船以镇压之。前月三十夜有某官坐船，此时已四皷哭，有四五小艇疾若飞……

由此得知，这是张描绘在浙江省塘栖镇官船遭持枪匪贼袭击的情景的图画。

塘栖镇是浙江省省会杭州北上运河，经乌青镇到达苏州的重要水路的所在地。从杭州到塘栖镇的水路大约有26.4公里。(《浙江省内河航线里程图》，收于《中国交通营运里程图》，人民交通出版社，1991年)

虽然这张图并不是海贼的袭击图，但它生动地描绘了受袭击的官船的船员仓皇逃走和袭击的持枪匪徒的场面。

《中外日报》刊登的海贼报道

在1898年11月17日在上海发行的《中外日报》第100号，"外阜新闻"天津栏目下有一篇日期为光绪二十四年十一月十一日（1898年12月23日）"海盗劫船"的报道。

图20 登载于《点石斋画报》上的海贼袭击图

官舟被刧

浙省之海塘頭距省
垣之艮山門
約四十里近海有地名
五堡得陞有
狂人一首吉東省大河之衝
聖泉橋畔
時有出没成上畫盜兩忙

> 每年自福建、宁波数百海船载货物来航天津。通常卸货后，购入产品南归。前月二十八日卸货两空船扬锭南下离港，时从后来二小船于数十里海上急近之，贼十数名驶船急袭来。彼等寻船内每个角落，强夺二海船之银 800 两、制钱 1000 吊。其余被夺物尚未清楚。海船直返天津，诉天津县。天津县搜查中。

这些海盗之所以瞄准了这艘归航船只，是因为他们知道这艘海船在天津卸货后得到了大数额的钱。可以推测，这些是以天津附近为据点的海盗所为。

《盛京时报》刊登的海贼报道

日本人中岛真雄于光绪二十三年在东北沈阳创办的《盛京时报》里，大概刊登过两篇有关渤海沿海发生海贼的报道。

光绪三十二年十月十三日（1906 年 11 月 28 日），天津五艘帆船载运财宝出营口港，突然有"南来贼船四艘"，将帆船分成两半，攻击其两艘。两艘船与海贼交战，不敌海

第六章　死灰复燃的海贼（清末—现代）　171

贼，财宝被夺。(《盛京时报》第33号、光绪三十二年十月十五日"东三省汇闻"栏目"海贼肆虐")文中所说的"南来贼船四艘"应指来自长江以南海域的海贼船。

同月，在营口海港附近停泊的驳船中，出现海贼3人，向船员索要路银。他们一行27名，于前夜受官宪攻击。其他人扬帆四处逃散，但有3名（张某一人和李某二人）留下，他们袭击驳船船员，索要回国的路钱。[《盛京时报》39号，光绪三十二年十月二十二日（2月7日）"市井杂俎"栏目"海贼捐船破案"]

《申报》有关海贼和海盗的报道

1872年（同治十一年）4月30日在上海创刊的汉字报纸《申报》中常有海贼、海盗的报道。下面从民国时期的报道中选摘若干事例。

民国八年（1919年）三月十五日"川沙航船途中遇盗"

昨夜11时许，自上海装运洋油10余件和德裕杂货店的洋银250元的川沙航船（川主顾阿妹）在牛角尖航行中，突然盗匪8人乘小船出现，爬上航船。航船的船员4人抵抗，船员郭阿巧被盗匪等砍伤，洋银200元被取走。

民国十年六月十八日"吴淞口外海盗之猖獗"

昨日午后，吴淞口外的洞沙洋上，从吴淞口出港的姚某黄沙泥的钓船（福建、浙江沿海地方使用的货物运输船，外形像鱼［石山福治《中国语大辞典》］在《申报》的报道中常常出现）突然被从四方冒出来的数艘盗船包围。海盗百余名，多数持枪、刀等凶器杀害船员。另外，装运猪的船和2艘运载冰鲜的船也在出港时即遭盗匪攻击，甚至2艘夹板船也遭盗船的跟踪追击，但在吴淞口附近逃脱。

民国十年六月二十日"钓船公所呈请剿捕海盗"

位于吴淞口的延庆公所管理浙江省秀山等地的钓船。其管理下的数百艘钓船在江苏、浙江海面上活动，经常遭遇海盗袭击。该公所的钓船船户也报告洞沙、大战洋上盗船数十余艘、盗匪百余人袭击商船。申诉在海上受害的商船和渔船激增。

民国十年八月十八日"江浙水警会缉海盗"

在江浙海面上,海盗肆虐航行中的商船遭受其害的事件有很多。迄今为止,虽有海盗被捕获,但海盗活动仍然猖狂。吴淞口的各公所和商船要求江苏水上警厅派遣舰船巡逻和保护商船的航行安全。木商工所也以木材运送船进出频繁为由,要求吴淞水警第四区出动巡视船打击海盗活动。

民国十年八月十八日"台州海盗猖獗中之保护外商"

在浙江台州的海面上,被称为"大帮海盗"的大海盗团袭击航行中的商船。英国亚细亚火油公司通过英国领事馆要求江苏特派公署寻求保护。

民国十年十二月二十九日"木商船被盗抢劫之请缉"

上海的木材业者木材运输公司在福建、浙江海域多次遭受海盗袭击。阴历十一月中旬,从福建省装运木材,在运往上海途中的金裕和、金济元、金骏昌、金瑞茂、新驯源等木材业者们在福建省沿海罗武洋上遭受海盗袭击，满载货物一抢而空，但所幸无人伤亡。

民国十二年一月十日"新记沙船被掠之电龠"

据宁波旅沪同乡会报告，从大连开往上海途中的上海新记公司的鸿遇顺沙船于阴历本月十五日（该报道的日期为阴历十一月二十四日）因大风舵受损，在海上漂流，遭遇海盗抢劫。十八日，该船在遇礁搁浅，船员来到上海。二十日，雇用德丰公司的轮船前往救助。但据二十二日夜晚八时德丰公司的电报，搁浅的沙船已经失踪。可能货物已被海盗抢走。

民国十二年五月九日"吴淞口外海盗之猖獗"

浙江省的钓船30余艘从福建运送大量的木材驶入吴淞口。其中10余艘传言在长江发现海盗抢劫。

民国十二年五月二十四日"英报论中国海盗与保险"

据二十三日伦敦电报，泰顺船在广东省北部汕头沿海50英里的海面上遭遇海盗袭击。运输业界和保险业界就在中国海域的海盗的日益猖獗要求增加保险费的问题进行讨论。

民国十二年五月二十五日"江浙交界海盗之猖獗"

初六（此报道日期为阴历四月初十），预定在上海买货后装运沙石的浙江省的钓船（船户金庆贺）在渔山洋上遭受海盗袭击。船主庄连生、沈理孙被害。

民国十四年四月八日"吴淞海岸巡防处呈海军部文"

吴淞全国海岸巡防处就江苏、浙江沿海的警备尤其是江苏浙江海上的海盗的调查情况向海军部报告。以"发生地点"、"抢夺方法"、"根据地点"三个问题为核心展开调查。浙江洋上的海盗以浙江省的台州北岸为"发生地点"，采用被称作"踏底"的小船袭击商船是"抢夺方法"。"根据地点"是，北部为鱼山、菲山，中部为东礁、西礁、中礁、竹屿、吊棚，南部为南麓山、北麓山等，这些都是浙江洋上的小岛屿，在这些岛屿中似乎有可以容纳数十人到百余人的洞窟。

民国十四年五月八日"浙洋面海盗猖獗之请缉"

进入渔期后，在浙江省台州一带海盗横行。据商人陈胜记的报告，他拥有的船舶陈胜裕号被海盗袭击，船上2名舵工受伤。

民国十四年八月二十五日"胶东海面海匪猖獗"

必须加强青岛海西一带的海上防备，因为海盗经常在诸城县、日照县海上出没。

民国十六年十一月十三日"浙江洋面海盗猖獗"

自上海起航，运送祥慎、德大、元益等商店的纺织品等7万余两货物的景隆号男帮沙船耿长余号在开往福州的途中的浙江朱家山洋上，遭遇温州、台州的盗匪袭击，洋银千余元和大部分货物被抢劫。船主曾某（镇海人）被害，有五六名船员受伤。

招商局广利船的强盗

民国十年十二月，一艘自上海开往香港的招商局客船广利船上发生强盗事件。广利船于光绪九年（1883年）在英国建造，全长280英尺（约85米），重2000吨，250马力的螺旋桨式蒸汽船航行上海、香港、广州航线。（《轮船招商局现有轮船一览》，载《东方杂志》第14卷第8号，1917年）

十二月十五日午后12时15分左右，在厦门附近海域航行中，有2名强盗闯入船长寝室，命令二等机关士等高级船员减速，在船上实行抢劫，杀死谢某。包括大德昌银号托运的五个箱装载的银4000两在内，损失总额约12万元以上。强盗数十人装扮乘客从上海上船。他们当中有人操广东陆丰、厦门方言。（《申报》12月20日、25日）

广利船遭受强盗抢劫的人中，有清朝、中华民国著名的外交官吴庭芳（1842—1922年）的夫人张竹君医生。她是与吴家人一起从上海到香港途中遭遇海盗的。她的宝石被抢劫，金额估计不下1.7万元。旧金山驻广东省广州府台山县出身的高华胜也被抢劫。他是从旧金山到上海来，乘这艘广利船返回故乡的途中遭遇抢劫的。他遭受的损失达7000元以上。而这些钱是他19岁时来到旧金山以来，长达二三十年的千辛万苦获得的。（《申报》12月29日）

20世纪20年代的中国海贼

前面提到的菲利浦·高斯《海贼的世界史》的附录7中收录了有关"现代中国的海贼"的新闻报道。本书根据《伦敦泰晤士报》译出全文如下。

1929年12月12日《伦敦泰晤士报》第45384号,"帝国与外国新闻"栏。

海贼的运作方式——中国的方法

发生在中国沿海的海贼活动,不能不说具有设立某种公司形式的雏形。必要的资本慢慢地积累起来。在封闭的区域内,多次进行交易或交涉,虽然没有公布合同意向书或名单,但公司董事和股东是存在的。达到一定的资本时,就任命有能力的董事经营。他们要补充可以信任的伙伴,选定合适的被害者,收集不可或缺的情报、实施计划,带走掠夺品和俘虏撤退等,这些都是董事必备的非凡的能力。牺牲者被选中后,首领和他的重要部下就多次上船以了解该船的航线、日常操作程序、船员的素质。但无论哪只船,都很快遭到中国老客户的

第六章 死灰复燃的海贼(清末—现代)

怀疑。不过,对于某一条航线的一等船客而言,是很难辨别晚一个月进来的甲板员的。在预先的调查全部结束的时候,就有好几个人混入特别舱,大部分为三等舱,并有一人或两人与船员混在一起,然后一伙人全部乘船。他们并不是想逃跑的胆小鬼。他们懂得工作,能够处理人情和效率的问题,尽可能更有效地、更具有人情味地做好工作。他们最重要的事情是,将武器和弹药带到船上。在上海、香港、新加坡,中国乘客和他们的货物都要受到该地的沿岸警备队的严格检查。但是,数以千计的中国人,排成队,在渡板上成群通过的状态下进行检查是很困难的。另外,在厦门、福州、汕头等港,警备并不完善,这给海贼提供了可乘之机。但是,海贼等坏人上船,只要有乘客或船员知道,就可以直接使用防海盗用的格子门窗锁住,警备也并非疏忽大意。船员还在腰上别着装满子弹的连发手枪。特别是在南中国的贸易船,通常有4名锡克教徒或越南人作为乘警。防备海贼的格子门窗是用铁做的,非常坚固,以隔断散步用的甲板和渡桥。

海贼是怎样实行抢劫的

请想象一下,这些是沿岸贸易船中的一艘船,太阳落山时,在强烈的东南季节风引起的滚滚波浪中航行。用白色液体涂料涂的船头和船尾的船舱,就好像凌乱不堪的居住环境。这是一群中国男人和女人以及他们的孩子共同居住的寝室。有人在这里做饭,有人在这里洗衣服,也有结群赌博的人。天气暖和的夜晚,有人在(救命用的)小船下或甲板的横梁上光膀子睡觉。在船中央高处散步用的甲板上,有船员的客舱和瞭望塔,在这里,有一些英国和中国乘客。到了吃晚饭的时候,船员要换班值勤,所有的乘客在没有武装的情况下,坐在休息室的饭桌前,点火吸烟相互对视。"举手!"尖锐的吼声惊吓了正在吃饭的人们。苦力、商人、船员发现,自己已被手枪的枪口顶住了。在船舱、大客厅所有的人都被抓,武器被拿下,并搜身。全副武装的海盗明确表示,反抗的人只有死路一条。瞭望台上、警备员的客舱、无线电室、机械室都重复相同内容的话。突如其来的命令、手枪、无法躲避的降伏。接着就听到了客气的指令。"请于上午7时到达比亚斯湾。只要船不掉头,我们不会伤害任何人。"像什么事也没发生那样,监视被解除,船上生活又恢复正常。在这期间,他们仔细搜查货物,从乘客身上夺走所有的宝石,脱下值钱的衣服。航海灯和客舱的照明灯被关掉,船在完全黑暗的夜里驶向中国沿岸的不祥之地——比亚斯湾。那里是一片宽阔的浅海滩和沙地,岸上到处都是长满了杂草的小山包。周围有几个村落,水面上有正在钓鱼的三板船,洋溢着和平寂静的美好气氛。但是,海贼抛锚了,从岸上来了一群三板船。顶着太阳穿着寒碜的船员向海贼大声呼叫,在冷酷而沉闷的气氛中开始船上的抢劫。航海表、六分仪、黄铜制的备用品被抢劫一空。这是一幅让人心碎肺裂的场景。父亲或母亲被手枪顶着,慌乱地站在三板船上。他们被带到山的方向去,中间人对赎金的讨价还价,要么被赎出来,要么被抛在暴风雨中饿死。遭受抢劫的船只总算回到了香港,警察进行调查,记录被盗品的清单。其间,人们的兴趣逐渐淡薄。

触目惊心的战斗

但是,并不是所有的海贼行为都不会发展到伤害人的事件。经常发生不值班的印度警备员被叛徒一齐开枪杀害的事件。挪威的沿岸贸易船被抢劫时，仅仅是客舱的门没有立刻打开，作为责任人的加斯特普船长就遭杀害。在安金号的大规模海盗活动中，他们从最近的距离一齐射击，将驾驶室打个精光，杀死了水手长和操舵手，船长也负重伤。机关长坐在甲板上也被从后面开枪打死。二等航海士头部被殴打，也许海贼认为他是开船的人还有用处，有意不打死他。

袭击圣纳姆·欧伊号的海贼也是令人难忘的。该船刚离开港口15分钟30艘海贼船就杀到了，齐枪射击杀死了印度籍的警备员，也打倒了他的非值班的伙伴。担任岗哨的船员赶忙从驾驶舱逃到甲板，但也负了重伤。其间，机关长包顿关上驾驶舱和甲板之间的很坚硬的舷侧门，勇敢地应对敌人的枪林弹雨。他带有连发的手枪，责任者W.H.斯帕库船长也在驾驶舱里与他并肩作战，终于守住甲板的右舷侧。因为右舷侧的门是打开的，他们必须拼死把它关上。两人都手执自动手枪。由于船长从正面抵挡海贼，在他的掩护下，包顿急速逃到船尾，在海贼的眼前把门关上。战斗还在

第六章 死灰复燃的海贼（清末—现代）

继续。令人吃惊的是，斯帕库船长左右躲避枪弹冲到危险的船尾向海贼射击，只有极短暂的时间来驾驶船。这也是因为在听到最初的危险声音的时候，引水领航员和操舵手在前方把门拴上，与船员一起躲藏了起来。在发生枪战期间，由于弹药不足，枪法不如上司的包顿就负责装弹药和监视。

这些海贼是一帮乌合之众，他们是因为违抗命令在好几周前就遭到解雇的激进派船员。海贼因为缺乏策略，没能在对峙中占优势。斯帕库船长突然鸣了4次气贯长虹的汽笛，改变航线。海贼误以为可能会被炮舰包围，慌忙从船尾撤离。但是，海贼并没有由此逃脱。斯帕库船长改变船的方向后与勇敢的内燃机长一起，向浮在海面上的海贼的脑袋开枪。这一枪声引来了附近的民兵，海贼一伙人中有15人落网，民兵将他们拘留起来，送往广东接受海贼应有的惯常处置。

在中国沿海中最初对海贼实施真正打击的是在比亚斯湾进行巡逻的英国潜水艇。1927年10月的某个晚上，靠近海湾的略带黑色的船没有回应潜水艇发出的信号。潜水艇第一炮击中船头，第二炮击中机舱，船开始下沉。这是一艘在三等舱满载乘客的中国籍船爱丽英号。潜水艇载乘客226人，抓捕了海贼7人，送往香港处以绞刑。这一事件引起了中国当局和船主的争议，但海事法庭支持舰长的做法，赞誉他的机智和出色的航海技术。有能力和有冒险精神的广东长官李济深将军在他的一手操作下，建立了无线电军事邮局，配置炮舰作为海上巡逻。

这样一来，海贼活动就成了不划算的游戏。最初的支出数额较大，收益靠不住。申·宁号和爱丽英号的海贼行为失败了。其他的收益比预期要差，从桑·纳姆·欧伊号掠夺1万美元，从欣·瓦号获得2500美元，从特安号只获得7000美元的利益。欣号和安金号分别赚了10万美元，但从其他船只几乎没有得到收益。

走访海贼的日本人

在昭和六年（1931年）十二月中旬，排日运动的高涨时期，从台湾到厦门来的安藤盛走访了海贼居住的村落，并将走访笔记写成《海贼的南支那》（昭森社，1936年）。

可以说，这是从海贼的角度了解有关中国海贼难得的资料。在书中有如下的记述：

> 支那海贼从厦门、汕头到英领地香港堂堂正正地开设店铺，不仅在这里卖掉抢劫来的赃物，而且还在汽船公司、仓库等安插奸细。他们将船何月何日、何港出发、驶向何处的×号船满载什么货物等情报通知给根据地。得到情报的海贼就当作乘客乘上汽船，在预定的海面上，让我方的戎克船过来，船到来后，在船内开始抢劫。他们抢劫船客的随身物品和船上的货物，并搬到戎克船上。其中还有连汽艇一起抢劫的手法，不一而足。但是，即使你想目睹，也会让你大失所望，顶多你只能看到他们根据地的迁移。

按照安藤的说法，要想亲眼看到海贼袭击客船的情况是非常困难的。他说，他只是走访了被称作海贼的人的居住地，记录下了在那里的人们的生活状态。这里他所描述的海贼假装船客的做法与前文所说的在招商局广利船上遭遇海贼抢劫的做法如出一辙。

20世纪50年代的中国海贼

在1951年10月29日的《泰晤士报》中,有一篇关于在长江河口附近一艘英国船遭遇中国海贼袭击的报道:

中国人闯入英国船,被新西兰的护卫舰解救

今天下午,在舟山列岛,解救被海贼袭击的英国船湖北号(2801吨)的新西兰护卫舰罗特伊奇号(1453吨)到达香港。湖北号是中国汽船公司所属的船只,从天津港开往香港,在长江河口的巴连和萨德尔岛之间遭遇有武力装备的舢船的攻击。该船被装有重装备地对空导弹袭击而不得不停止反击,没有出现负伤者。船上发出了全副武装的28名勇猛的中国人闯入船上要求解救的信号。

香港的德金顺准将立即指令罗特伊奇号前往解救。这艘湖北号船灯被熄灭,位于汽船行驶6小时的距离地方,罗特伊奇号赶到后,与湖北号上的海贼进行交涉。海贼的条件是,如果让他们安全离开船,他们就不伤害船上客人,并保证货物完好无损。交涉的结果是,乘客在比厄拉比斯塔岛乘小船下船。湖北号今晚已到达香港。欧洲乘客19名，主要是传教士和来自中国的避难者。

以上是有关在长江河口附近英国船只遭受海贼袭击的报道。这是一群使用配有武器装备和发动机、具有很大机动性的舢船进行海盗活动的海贼。

菲律宾达沃海域上的海贼

昭和三十六年（1961年）八月二十三日的《每日新闻》晚报版有一篇题为"达沃[1]海面出现海贼，宝石等七百万元被抢"的报道。这是马尼拉二十三日UPI通讯社发出的报道：

> 据二十三日马尼拉发来的报道，二十二日晚，达沃海面上（离马尼拉800公里）出现海贼，袭击菲律宾的巡逻船，杀害船长等6名船员，抢走了价值2万美元（相

---

[1] 位于菲律宾棉兰老岛东南的港口城市。——译者注

当于720万日元)的金银宝石和现金。该船在蓝奇逃走。据菲律宾通讯社报道,巡逻船阿克桑号于二十二日晚从达沃起航,前往东方的桑塔·克鲁斯。航行2小时后,返送乘客的海贼用自动步枪、手枪威胁乘警、事务长和乘客,夺走金银宝石和现金。海贼还强奸了2名女性。

在同一天的《朝日新闻》的AP通讯社的报道中,有"据称有8名海贼混入16名船客中进入船内"的文字。海贼只有8名,他们伪装成乘客上船,到了海上就摇身一变为海贼。这与前面《申报》报道是相同的。

袭击北婆罗洲的日本渔业基地的海贼

在昭和三十七年(1962年)十二月二十九日的《朝日新闻》、《每日新闻》刊登了新加坡二十八日共同通讯社发出的报道。"据日本驻新加坡领事馆二十八日的报道,二十三日北达沃的塔瓦沃地区的海面上的什阿米尔岛的大洋渔业公司在当地的渔业基地遭受海贼的袭击,2名日本人被杀,1名受重伤。"被杀害的是迈克罗渔船第九东丸

（140吨）的甲板员，分别是鹿儿岛枕琦市人和冲绳人，并有"在西里伯斯海域海贼尤其多，英海军最近为此增派警备艇"的报道。这一报道虽然是日本人被杀害的报道，但可以推测，在西里伯斯海域海贼活动频繁。

马尼拉湾的海贼

《每日新闻》昭和四十六年六月二十六日晚刊"马尼拉湾日本船员遭遇海贼受重伤"。

> 据二十六日上午10时半，神户海上保安部的报道，在马尼拉湾停泊的神户市生田区海岸通一之五、小山海运货物船清光丸号（2744吨）船长等23人于当地时间二十六日上午1时25分左右遭到海贼袭击，放哨的甲板员遭手枪袭击喉咙，受重伤，已被送往马尼拉市内的医院抢救。最近日本船员在东南亚遭受海贼袭击的事件时有发生，但被击伤的事例还是第一次。

《朝日新闻》昭和四十六年（1971年）七月二十七日晚

刊"宫城的货物船马尼拉湾内遇海贼袭击"。

二十七日早上，进入新潟西港的宫城县石卷市门胁町、大成产业所属的大成丸号（298吨，船上有船长等23人）于十九日从婆罗洲的塔兰卡起航，船上运有拉湾木材约3000吨，在返回日本的途中，遇16号台风，到菲律宾马尼拉湾避难时，遭遇持手枪海贼的袭击，资材被夺走，已告知新潟海上保安部。

《朝日新闻》昭和四十六年七月三十日早刊"日本船只在海贼出没的海马尼拉湾港口附近光天化日之下，因警备内部发生冲突而成为海贼猎物的日本船"（马尼拉二十九日，斧特派员）。

"马尼拉的落日"闻名遐迩，但是，在其美丽的腹部，却是"海贼横行"的大海。遭袭击的日本货物船完全没有防备，日本大使馆提出严厉的警告，菲律宾方面也于二十八日紧急召集有关方面的负责人会议，向卜部大使保证，将加强警备措施，防止事故再度发生。

结语　中国历史上的海贼

上面我们已经沿着中国历史之河考察散见于史料中的海贼、海盗、洋盗的足迹。本书所选取的事例只不过是留在历史记录中的极小一部分，还留下很多的足迹未考察。

在中国，海贼的出现是在海上成为政治、社会、经济等舞台的时代之后。一般认为，发源于黄河中游的中国文明是以中原为中心发展而来的，因此，其文化圈要扩展到大海需要很长的时间。本书开头部分的海贼之所以出现于后汉时期，是因为到了这一时期，沿海地区已经开始具有了政治上的意义。换句话说，以中原为中心发展而来的中国文明，到了公元后，已经出现了能够与中原政权相抗衡的力量。一个不争的事实是，随着沿海地区人们社会活动日益活跃，海贼的活动也相应活跃起来。

在今天，国民约百分之九十的人口集中在东南沿海地区和长江中下游地区（《人民中国》1988年6月号），这表明中国人口分布的情况。海贼出现的频率高说明生产活动日益活跃。就是说，这一带是收获多的地区。自古以来，中国就有土地广袤、物产丰富的说法。从全国的范围内这种说法也许是合适的，但从不同的区域来说就不尽然了。由于人口多，土地少，沿海地区的人们离乡背井去寻找获得生活资源的方法。他们当中的许多人，在中国国内或作为客商，或作为海外华侨，施展他们的才华。但是，对于那些不能经商、在海外又不能开始新的生活的人来说，那些满载着物资在广阔的海洋上航行的贸易船就成了他们最好的掠夺对象。如本书所勾画的那样，中国王朝的势力从内陆向沿海地区延伸，随着沿海贸易的不断发展，海贼的活动日益频繁。

参考文献

（这里所列出的参考文献是本书正文中没有引用的文献。）

1. 《水运技术词典》编辑委员会编：《水运科技词典》（古代水运与木帆船分册），人民交通出版社，1980年。

2. 尤贝尔·德尚著，田边贞之助译：《海贼》，白川社文库クセジュ，1965年。

3. J. 马欧斯基著，田边（木念）译：《海贼的社会史》，白川书院，1975年（原著1970年）。

4. J.Rogozinski, *PIRATES!Brigands, Buccaneers, and Privateers in Fact, Fiction, and Legend*, Facts On File, Inc., 1995.

5. 杉田昭典：《海贼们的太平洋》，筑摩书房，1990年。

6. 长沼贤海：《日本的海贼》，至文堂日本历史新书，1955年。

7. 门田修：《海贼的内心世界苏尔海贼访问记》，筑摩书房，

1990年。

8. 寺田四郎：《海上保险发生史论》(1)—(13)，载《保险学杂志》第42卷第357号至第45卷369号，1938—1941年。

9. 寺田四郎：《海贼考》，载《海法会志》第25号，1940年。

10. 寺田四郎：《东西海贼发生史》，载《海运》第2卷第5、6、8号，第3卷第1号，1944—1945年。

11. 寺田四郎：《海贼杂》(1)—(3)，载《地政学》第1卷第10、11号，第2卷第2号，1942—1943年。

12. 寺田四郎：《中国海贼史考》I—V，载《上智经济论集》第3卷第2号，第4卷第1号，第5卷第1号，第6卷第1号，第8卷第1号，1956—1961年。

13. 山本达郎：《郑和西征》，载《东洋学报》第21卷第3、4号，1934年。

14. 桥本敬三：《郑和航海》，载《东方学报京都》第39册，1968年。

15. 寺田隆信：《郑和——连接中国与伊斯兰世界的航海者》，清水书院，1981年。

16. 徐玉虎：《明郑和之研究》，高雄、德馨室出版社，1980年。

17. 松浦章：《〈郑和研究〉与南京郑和纪念馆》，载《东方》第147号，1993年。

18. 田中建夫：《倭寇——海的历史》，教育社历史新书，1982年。

19. 左久间重男：《日明关系史研究》，吉川弘文馆，1992年。

20. 林仁川：《明末清初私人海上贸易》，上海华东师范大学出版社，1987年。

21. 郑梁生：《明代倭寇史料》第1辑，第2辑，台北文史哲出版社，1987年。

22. 郑梁生：《中国地方志的倭寇史》，载《日本历史》第456号，1987年。

23. 李献璋：《嘉靖年间浙海的私商及舶主王直行迹考（上）——兼论葡萄牙人的宁波居住地》，载《史学》第34卷第1号，1961年。

24. 张彬村：《十六世纪舟山群岛的走私贸易》，载《中国海洋发展史论文集》第1辑，台北"中央研究院"三民主义研究所，1984年。

25. 张增信：《明季东南海寇与巢外风气》，载《中国海洋发展史论文集》第3辑，台北"中央研究院"三民主义研究所，1988年。

26. 岩生成一：《明末日本侨寓支那人甲必丹李旦考》，载《东洋学报》第23卷第3号，1936年。

27. 永积昭：《荷兰东印度公司》，近藤出版社，1971年。

28. 浅田实:《商业革命与东印度贸易》,法律出版社,1984年。
29. 科野孝藏:《荷兰东印度公司的历史》,同文馆,1988年。
30. 平和彦:《近世中国的海盗与琉球船舶》,载《南岛史学》第41号,1993年。
31. 廖风德:《海盗与海难:清代闽台交通初探》,载《中国海洋发展史论文集》第3辑。
32. 矢野仁一:《嘉庆时代的舰盗之乱》,载《历史与地理》第18卷第2号,1926年。
33. 张中训:《清嘉庆年间闽浙海盗组织研究》,载《中国海洋发展史论文集》第2辑,台北"中央研究院"三民主义研究所,1986年。
34. 佐野学:《海寇的时代》,载《清朝社会史》第3部。
35. 胜田弘子:《清代海寇之乱》,载《史论》第19号,1968年。
36. 黄同炳:《海盗蔡牵始末》,载《台湾史研究集》,台北"国立编译馆"中华丛书编审委员会,1980年。
37. Dian H. Murray, *PIRATES OF THE SOUTH CHINA COAST 1790—1810*, Stanford University Press, 1987.
38. Grace Fox, *BRITISH ADMIRALES and CHINESA PIRATES 1832—1869*, Kegan Paul, 1940, Hyperion Press reprint 1973.

后记

从1993年3月下旬到9月间的180余天的时间里，我得到了关西大学在外研究、调查研究的机会。这是我工作15年以来，尤其是对从1990年10月起的两年时间内我担任了文学系的学生主任所做工作的肯定，也是我到研究生院以来首次得到的长期研究的机会。当时我选择中国的北京，得到了旧知王庆成先生的帮助，这样，我就成为中国社会科学院近代史研究所的一名访问学者。从大学时代开始，我就一直想到中国进行研究，今日如愿，喜悦之情难以言表。我在位于北京旧外城的天桥宾馆住了下来。我一直奔跑于在故宫西华门内的中国第一历史档案馆、近代史研究所图书馆、中国社会科学院历史研究所图书馆和在北海的北京图书馆分馆之间，中国社会科学研究院世界史研究所的徐建新先生借给我一辆天津飞鸽牌的自行车。徐先生是近年来专门研究藏于北京、天津、南京等图书馆的"高句丽好大王碑"的知名学者,在日本史学界享有很高的声誉。笔者是在1986年徐先生为研究日中关系史来到日本作为关西大学大庭脩教授的访问研究员时与其认识的。徐先生的自行车不辱180天的使命,给我提供了阅读众多史料的机会。

当我即将结束此次在中国研究的时候,我收到了一封信。这是东方书店向主要研究中国海上贸易史的笔者约稿写有关中国海贼的著作的信函。当时,我回信说,本书写作必须参考东西方文献开拓中国海贼研究方面的寺田四郎的一系列论文,但论文的内容已记不清了,手头也没有参考资料,等回国后研读寺田氏的研究论文后再做明确的答复。回国后,我查阅了寺田氏的研究论文,收集史料时,发现寺田氏有些史料没有使用过。由于我找到了自我读研究生以来,学术先辈没有涉及、也没有使用的资料,而且,我多少也做了一些研究,这时,在我脑海里就浮现了崭新的中国海贼的研究课题,于是,我决定接受这一任务。从那以后,大约耗费了两年的时间查找史料,达到原定书稿需要的页数，完成了书稿。但是，有关这方面的史料还有很多很多。在这个意义上，本书只能是中国海贼史的初期研究，请读者原谅！

如果说本书以及本书介绍的史料有价值的话，主要得益于1992年夏和1994年夏给我去中国进行调研机会的东北学院大学的细谷良夫先生和以他为牵头人的国际学术研究成员的各位先生的具体指导。同时也得益于为我提供查找中国第一历史档案馆资料机会的许艺圃档案馆长和各位馆员，今年3月下旬给我首次去台湾机会的"中央研究院"中山人文社会科学研究所的刘石吉先生和该研究所的各位同仁，帮助我查阅台湾博物院图书馆档案的庄吉发先生，5月上旬邀请我到香港中文大学的学会的各位同仁以及关西大学图书馆的各位管理人员的多方赐教。借此机会表达我对他们深深的谢意。

松浦章

1995年7月

图书在版编目(CIP)数据

中国的海贼/(日)松浦章著；谢跃译.—北京：商务印书馆，2011（2020.6重印）
(世说中国书系)
ISBN 978-7-100-08417-8

Ⅰ.①中… Ⅱ.①松… ②谢… Ⅲ.①海盗-历史-研究-中国 Ⅳ.①D691.98

中国版本图书馆CIP数据核字(2011)第120020号

权利保留，侵权必究。

中国的海贼

〔日〕松浦章 著
谢 跃 译

商 务 印 书 馆 出 版
(北京王府井大街36号　邮政编码　100710)
商 务 印 书 馆 发 行
三河市尚艺印装有限公司印刷
ISBN 978-7-100-08417-8

2011年7月第1版　　开本787×1092　1/32
2020年6月第3次印刷　印张6 1/2
定价：28.00元